utb 3853

D1922674

Eine Arbeitsgemeinschaft der Verlage

Böhlau Verlag · Wien · Köln · Weimar
Verlag Barbara Budrich · Opladen · Toronto
facultas · Wien
Wilhelm Fink · Paderborn
Narr Francke Attempto Verlag · Tübingen
Haupt Verlag · Bern
Verlag Julius Klinkhardt · Bad Heilbrunn
Mohr Siebeck · Tübingen
Ernst Reinhardt Verlag · München
Ferdinand Schöningh · Paderborn
Eugen Ulmer Verlag · Stuttgart
UVK Verlag · München
Vandenhoeck & Ruprecht · Göttingen
Waxmann · Münster · New York
wbv Publikation · Bielefeld

Lothar Bunn

Klausuren erfolgreich bestehen

2., überarbeitete Auflage

UVK Verlag · München

Lothar Bunn ist wissenschaftlicher Mitarbeiter am Sprachenzentrum der Universität Münster im studienbegleitenden Bereich Deutsch als Fremdsprache.

Online-Angebote oder elektronische Ausgaben sind erhältlich unter www.utb-shop.de.

Bibliografische Information der Deutschen Bibliothek
Die Deutsche Bibliothek verzeichnet diese Publikation in der Deutschen Nationalbibliografie; detaillierte bibliografische Daten sind im Internet über <http://dnb.ddb.de> abrufbar.

Einbandgestaltung: Atelier Reichert, Stuttgart
Einbandmotiv: © masterzphotois – iStock
Druck und Bindung: CPI – Clausen & Bosse, Leck

UVK Verlag
Nymphenburger Straße 48
80335 München
Telefon: 089/452174-66
www.uvk.de

Narr Francke Attempto Verlag GmbH & Co. KG
Dischingerweg 5
72070 Tübingen
Telefon: 07071/9797-0
www.narr.de

UTB-Band Nr. 3853
ISBN 978-3-8252-5289-2

Vorwort

Seit der ersten Auflage dieses Buches sind sechs Jahre vergangen. Seitdem hat sich die Situation kaum geändert: Die häufigste schriftliche Prüfungsform an Universitäten ist nach wie vor das Schreiben von Klausuren. Es verwundert aber, dass in universitären Schreibzentren wie auch in der Propädeutik der Fachdisziplinen noch immer bevorzugt das Schreiben von Abschlussarbeiten (Hausarbeiten, Seminararbeiten, Doktorarbeit usw.) erforscht und als studienpropädeutischer Inhalt gelehrt wird.

Desiderat Klausur

Das Thema Klausur spielt dagegen in der Forschung wie in der propädeutischen Vermittlung i.d.R. eine untergeordnete Rolle (eine Ausnahme bildet etwa das Fach Jura). Dazu zählen alle Aspekte der Konzipierung, der Durchführung sowie der typischen Prozesse beim Schreiben einer Klausur. Zu diesen Aspekten der Klausurbewältigung wurden schon 2012 an den Universitäten Göttingen und Münster Fragebögen entwickelt und Umfragen unter mehreren tausend Studierenden durchgeführt, ergänzend dazu eine Vielzahl von Interviews mit Lehrenden. Dabei hatte sich herausgestellt, dass auch die Lehrenden häufig nicht reflektieren, welche Anforderungen mit ihren Aufgabenstellungen verbunden sind.

Unreflektierte Prüfungsanforderungen

Besonders bedenkenswert erscheint mir, dass Lehrende die Studierenden auf das Schreiben von Klausuren lediglich fachlich durch Wissensvermittlung vorbereiten. Die Anforderungen in der Klausur beziehen sich aber auch auf bestimmte Textsorten (s. Kap. 6), die erwartet werden, auf die Bewältigung des Schreibprozesses (s.a. Kap. 10) sowie auf die vom Lehrenden erwarteten kognitiven Leistungen, die je nach Aufgabenstellung sehr unterschiedlich sein können (s. Kap. 4). Diese Anforderungen werden aber in der universitären Lehre kaum vermittelt, gleichwohl fließen sie in die Benotung einer Klausurleistung mit ein.

Zielgruppen

Auch die Studierenden sind sich dieser Anforderungen häufig nicht bewusst. Es kann daher nicht verwundern, dass sie ihr Studier- und Lernverhalten nicht darauf abstimmen (s. Kap. 2). Dieses Buch richtet sich deshalb einerseits an Lehrende, die schriftliche Prüfungen konzipieren und die Aufgabenstellungen formulieren müssen. Bedenken sollten sie bei der Aufgabenstellung, ob die kognitiven Anforderungen transparent formuliert sind und ob für die Studierenden deutlich wird, welche Sorte von Text erwartet wird. Doch auch für die Studierenden soll dieses Buch eine Hilfe darstellen. Sie sollten nämlich in der Lage sein, die Aufgabenstellungen diesbezüglich zu analysieren (s. Kap. 3 und 7).
Studierende mit nicht-deutscher Muttersprache stehen zusätzlich vor interkulturellen Herausforderungen. Die Prüfungsanforderungen an deutschen Hochschulen können sich von denen in ihrem Heimatland erheblich unterscheiden und stellen häufig – und dies nicht wegen des verlangten Fachwissens – eine große Hürde dar. Die Abbrecherquoten ausländischer Studierender zeugen auch von der immensen Schwierigkeit, sich mit Klausuranforderungen in Deutschland vertraut zu machen.
Dieses Buch richtet sich also an Lehrende sowie an deutsche und ausländische Studierende gleichermaßen.

Arbeit mit dem Buch

Jede Studierende wird ihre eigenen Probleme mit der Vorbereitung auf eine Klausur und mit dem Schreiben von Klausurtexten haben. Auch jede Lehrperson wird sich nicht für alle Aspekte dieses Buches gleichermaßen interessieren. Daher ist jedes Kapitel so angelegt, dass es für sich verständlich ist. Dopplungen der Inhalte bzw. Wiederholungen ließen sich dadurch nicht immer vermeiden.
Das Buch eignet sich zum Selbststudium, wird aber auch als kurstragender Materialienband eingesetzt.

Konzeption

Die einzelnen Kapitel beziehen sich möglichst auf konkrete Klausursituationen. Theoretische Überlegungen treten so weit wie möglich in den Hintergrund, praktische Hilfen sowie authentische Beispiele stehen im Vordergrund.

Das Buch ist fächerübergreifend angelegt, und die Inhalte können auf verschiedene Fächer und auf spezifische Prüfungssituationen übertragen werden: auf die Art der Klausur, die besonderen Wissensanforderungen, auf den Umgang mit Wissen und auf unterschiedliche Schreibfertigkeiten.

Lothar Bunn, Mai 2019

Inhalt

1 Klausuren planen

1.1 Vier Schritte der Klausurbewältigung

Dieses Kapitel liefert einen Überblick darüber, wie Sie sich geordnet auf eine Klausur vorbereiten können.

Eine mögliche Klausursituation

Nehmen wir an, Sie studieren Philosophie und müssen eine Klausur zum Seminarthema *Einführung in die Medizinethik* schreiben. Folgende Aufgaben sollen Sie bearbeiten und haben dafür 60 Minuten Zeit:

1. Stellen Sie kurz den Prinzipien-Ansatz (»principlism«) von Beauchamp und Childress dar und erläutern Sie Vor- und Nachteile dieses Ansatzes.
2. Skizzieren Sie die drei zentralen Modelle des Arzt-Patientenverhältnisses, die in der modernen medizinethischen Diskussion unterschieden werden.
3. In der Presse gibt es immer wieder Berichte über junge Frauen, die eine die Brust verschönernde Operation zum 21. Geburtstag geschenkt bekommen. Nehmen Sie dazu kritisch Stellung und beziehen Sie dabei Ihnen bekannte medizinethische Argumente mit ein.

Aus: Klausur zum Seminar »Einführung in die Medizinethik«

Während der Klausur können unterschiedliche Probleme auftreten, z. B.:

- Sie haben die falschen Inhalte gelernt.
- Sie wissen nicht, wie ausführlich Sie die Fragen beantworten sollen.
- Sie teilen sich die Zeit falsch ein und benötigen für die Bearbeitung der ersten Aufgabe bereits 30 Minuten.
- Sie wissen bei Frage 3 nicht, ob Sie sich konkret auf Autoren beziehen sollen.
- Sie sind davon überrascht, dass Sie kritisch Stellung nehmen sollen. Wie argumentiert man stringent?
- Sie haben Fakten auswendig gelernt, ohne zu üben, Zusammenhänge herzustellen oder zu vergleichen.
- Sie wissen nicht, was mit *skizzieren* gemeint ist.

- Sie fragen sich, ob eher bestimmte Begriffe genannt werden sollen, oder ob der Schwerpunkt auf der Darstellung von Zusammenhängen liegen soll.
- Etc.

Sie hatten zwar alle Inhalte des Seminars verstanden, Sie hatten ausreichend gelernt, es stellte sich dann aber trotzdem heraus, dass Sie sich nicht konsequent auf die spezifischen Anforderungen in der Prüfung vorbereitet haben.

Eine angemessene Bewältigung der Klausursituation sollte sich in diesen vier Schritten vollziehen:

1. Die Studier- und Lernphase vorbereiten
2. Zielgerichtet studieren und lernen
3. Den Schreibprozess planen
4. Nach der Klausur das eigene Verhalten kritisch betrachten

Diese vier Schritte werden im Folgenden erläutert.

1.2 Erster Schritt: Die Studier- und Lernphase vorbereiten

Am Anfang des Semesters sollten Sie sich in jeder Veranstaltung danach erkundigen, was von Ihnen in der Abschlussklausur verlangt wird. Die Klärung der Anforderungen ist für ein zielgerichtetes Lernen von zentraler Bedeutung.

Neben den Fragen zum Inhalt ist eine andere Frage wichtig, die in der Vorbereitungsphase häufig vernachlässigt wird: Wie muss ich den Stoff in der Klausur darstellen? Dahinter steht die Frage nach den Textformen.

Zum Inhalt	• Welche **Inhalte** werden voraussichtlich geprüft? • Wie **tief** muss ich in den Stoff eindringen? • Welche **weiterführende Literatur** muss ich eventuell bearbeiten? • …

Zur kognitiven Verarbeitung der Inhalte	• Muss ich Wissen – reproduzieren? – anwenden? – erläutern? – darstellen? – ... • Soll in der Klausur etwas entwickelt werden, z. B. – ein eigener Standpunkt? – eine kritische Reflexion? – eine Beurteilung?
Zur Textform	• Muss ich nur etwas ankreuzen (Multiple Choice)? • Reichen Stichworte als Text aus? • Muss ich Sätze schreiben (Kurztexte)? • Muss ich längere, gegliederte Texte schreiben?

WICHTIG

Bereiten Sie sich nicht nur auf die Inhalte vor, die geprüft werden können, sondern auch auf die Art ihrer Bearbeitung (kognitive Anforderungen) und die Textformen, die erwartet werden.

HINWEISE ZUR LERNVORBEREITUNG

- Beschaffen Sie sich Lernmaterialien wie Skripte, Literatur, Mitschriften, die die Lehrperson, Kommilitonen oder Sie selbst für wichtig halten.
- Gewichten Sie die Lerninhalte danach, was Sie für wichtig bzw. weniger wichtig halten.
- Beschaffen Sie sich bei Freunden oder bei der Fachschaft alte einschlägige Klausuren und analysieren Sie diese hinsichtlich aller Anforderungen: Inhalte, Aufgabenstellungen, Textformen.
- Üben Sie, die Anforderungen in Aufgaben- bzw. Fragestellungen zu verstehen.
- Informieren Sie sich über die Beurteilungskriterien der Lehrperson.
- Achten Sie auf Hinweise der Lehrperson.
- Gehen Sie auf die Homepage der Lehrperson: Häufig finden Sie dort Tipps zur Klausurvorbereitung.

1.3 Zweiter Schritt: Zielgerichtet studieren und lernen

Bereits zu Beginn des Semesters können Sie demnach Ihre Lernphase vorbereiten, indem Sie alte Klausuraufgaben analysieren und die Anforderungen ermitteln, die die Lehrperson in den Klausuren der vergangenen Semester gestellt hat.

In einer Klausur haben Sie etwa folgende Aufgabe gefunden:

> Nennen Sie zwei Bestimmungen des Allgemeinen Landrechts, die als große Veränderungen in der Geschichte der Pflichtschule gelten.
>
> *Aus: Klausur zur BA-Vorlesung »Ordnung für die Massen: Die Entstehung der Pflichtschule«*

Bei dieser Aufgabe wird lediglich verlangt, etwas zu »**nennen**«. Sie müssen also Gelerntes wiedergeben. Als Textform reicht es, eine **Auflistung** anzufertigen. Die Lehrperson wird bei der Durchsicht nach Stichworten suchen (Bestimmungen des Allgemeinen Landrechts) und, wenn sie sie findet, die Punkte entsprechend geben.

Wenn Sie in einer Klausuraufgabe nur nach Begriffen gefragt werden, bedeutet dies für Ihr Studier- und Lernverhalten Folgendes:

Inhalte	geprüft werden Fakten, Begriffe, Zusammenhänge
Anforderungen	nennen, reproduzieren, darstellen Textform: Liste mit Begriffen anfertigen
Studierverhalten	• die nützlichen ermittelten Quellen (Literatur, Mitschriften, Skripte etc.) mit Blick auf prüfungsrelevantes Wissen durcharbeiten; • prüfungsrelevantes Wissen (s. Schritt 1) herausfiltern, markieren, ordnen, verfügbar ablegen; • Lernstoff insgesamt ordnen; • …

Lernverhalten	• eine Zielvorstellung festlegen: die geordneten Fakten und Zusammenhänge in kurzer Zeit für das Kurzzeitgedächtnis auswendig lernen; • eine Lernstrategie festlegen, hier z. B.: Lernschritte, Memoriertechniken, visuelle Hilfen usw.; • einen Zeitplan erstellen: Wann möchten Sie welche Inhalte lernen? • ...

Bei der folgenden Aufgabe werden im Vergleich dazu andere Anforderungen an Sie gestellt:

> Stellen Sie Kants Konzept des Philosophieren-Lernens im Kontext der Philosophie der Aufklärung dar. Erörtern Sie die philosophiedidaktische Relevanz dieses Ansatzes für das Philosophieren mit Schülern.
>
> *Aus: Didaktik, Modulklausur*

Bei dieser Aufgabe besteht die Anforderung zunächst darin, **Zusammenhänge darzustellen**. Wenn Sie, wie bei der vorherigen Aufgabe noch erforderlich, nur Begriffe und Fakten gelernt haben, wird es Ihnen schwer fallen, die Aufgabe zu bearbeiten. Sie müssen als Vorbereitung auf diese Aufgabe philosophische Zusammenhänge verstanden und gelernt haben. Darüber hinausgehend sollen Sie etwas schreiben, was Sie in der Prüfung erst entwickeln müssen. Die zusätzliche Leistung besteht darin, eine **Erörterung zu verfassen**. Weiterhin sollen Sie Ihr Wissen über Kants Konzept des »Philosophieren – Lernens« auf eine konkrete Situation **übertragen**.

Diese über das reine Faktenlernen hinausgehenden Anforderungen haben Auswirkungen auf Ihr Lernverhalten. Die Lehrperson hatte, als Vorbereitung auf diese Aufgabe, eine Liste mit acht Buchtiteln ausgegeben sowie eine Liste mit Stichpunkten verteilt, die bei der vorbereitenden Lektüre besonders beachtet werden sollten:

- Verständnis von Philosophie;
- Vernunftbegriff der Aufklärung;
- Vorstellung vom aufgeklärten Denken;
- Aktualität, Nähe und Ferne des aufklärerischen Philosophieverständnisses.

Für Ihre Vorbereitung ergibt sich daraus:

Inhalte	prüfungsrelevante Inhalte von unwichtigen Inhalten trennen
Anforderungen	Zusammenhänge darstellen, Transfer auf eine Situation herstellen, beurteilen gegliederten Text schreiben: Erörterung
Studierverhalten	• während der gesamten Lehrveranstaltung die vermittelten Zusammenhänge verstehen, um die spätere Lernphase zu entlasten;
Studierverhalten	• den Lernstoff durcharbeiten: Kurse vorbereiten, Mitschriften ins Reine bringen, Verständnisprobleme mit anderen oder im Tutorium besprechen; • den Lernstoff so aufbereiten, dass Sie ihn vor der Prüfung zum Lernen verfügbar haben; • zu dem Lernstoff eine kritische Haltung einnehmen.
Lernverhalten	• die Lernphasen auch in Abstimmung mit weiteren Klausuren planen, die Sie schreiben müssen; • durch ein sinnvolles Studierverhalten permanent lernen (s. o.); • eine Lernphase vor der Klausur festlegen; dabei die Anforderungen berücksichtigen, die Sie erwarten; • sich an den Vorgaben der Lehrperson orientieren (Literatur, Themenschwerpunkte).

Anhand der beiden unterschiedlichen Aufgabenstellungen sollte deutlich werden, dass Ihr Studier- und Lernverhalten während des Semesters davon abhängt, welche Anforderungen in der Klausur auf Sie warten.

WICHTIG

Richten Sie Ihr Studier- und Lernverhalten an den Prüfungsanforderungen aus. Unterschiedliche Anforderungen bedingen unterschiedliche Arbeits- und Lerntechniken.

HINWEISE ZUM STUDIER- UND LERNVERHALTEN

- Überlegen Sie, ob für Sie die Teilnahme an einer Lerngruppe sinnvoll ist.
- Bearbeiten Sie immer wieder Klausuraufgaben.
- Entwerfen Sie für jede Lehrveranstaltung eine eigene Lernstrategie.
- Üben Sie die Situation, in der Sie eine Klausur schreiben, möglichst authentisch. Prüfungssimulationen sind eine gute Vorbereitung und entlasten Sie durch eingeübte Routinen in der Klausur.

1.4 Dritter Schritt: Den Schreibprozess planen

In einer Prüfungssimulation sollten alle Tätigkeiten, die in einer Klausur eine Rolle spielen, zum Tragen kommen. In der Klausur selbst können Sie auf diese Erfahrung zurückgreifen.

Inhalte	Aufgabe(n) bezüglich Thema, Themenaspekt, Inhalte analysieren
Anforderungen	• Kognitiv: Wie muss ich die Inhalte verarbeiten? Muss ich nennen, darstellen, beurteilen, erläutern usw.? • Textlich: ein Textbauplan mit gegliedertem Aufbau, Argumentationsstrukturen, wissenschaftlicher Anspruch wie Fachterminologie, Autorennamen, aktueller Wissensstand, … • Bearbeitungsverfahren: methodisches Vorgehen wie Analyseverfahren (Interpretation, Exegese, Gutachten,..) oder normierte Darstellungsverfahren.
Schreiben	• Schreibstrategie in Abhängigkeit vom Aufgabenformat festlegen (MC-Aufgaben, Kurztexte, längere Texte): z. B. das zuerst, was man kann, die schwierigsten Aufgaben am Schluss; • Zeitplan festlegen. Bei MC-Fragen: Zeit pro Aufgabe. Bei längeren Texten: Zeit für Gliederung, Stichworte, Schreiben, Korrektur.

Wie könnte die Abfolge in einer 60 Minuten dauernden Klausur beispielhaft aussehen?

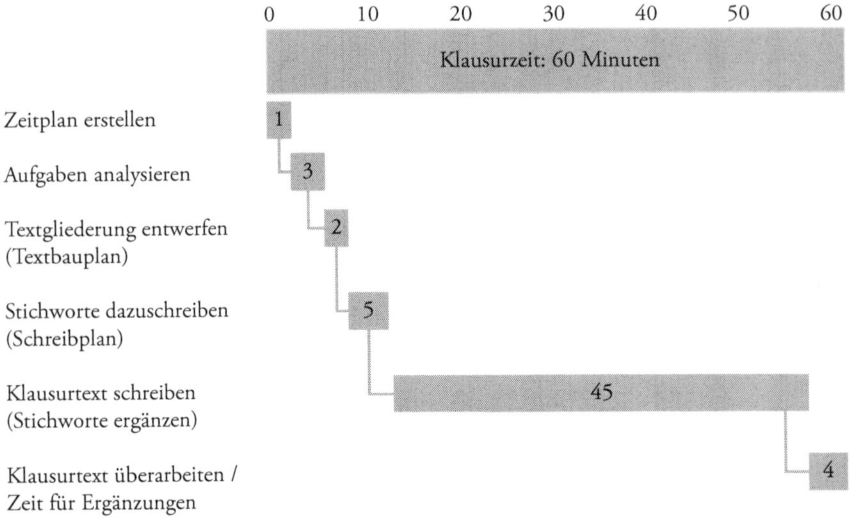

Eine derartige Organisation des Schreibprozesses kann Ihnen beim Schreiben Sicherheit geben, zudem können Sie einen geordneten Text verfassen.

Ihr konkretes Verhalten richtet sich nach den Aufgaben. Wichtig ist es zu verstehen, was von Ihnen verlangt wird. Die folgenden Kapitel mit ihren Ausführungen über Aufgabenformate, den damit verbundenen Anforderungen, den Antwortformaten, Beurteilungskriterien usw. sollen Ihnen dabei helfen, sich selbst ein angemessenes Klausurverhalten überlegen zu können.

1.5 Vierter Schritt: Nach der Klausur das eigene Verhalten kritisch betrachten

Sie werden eine erfahrene Klausurenschreiberin, wenn Sie Ihr Verhalten nach der Klausur reflektieren. Beantragen Sie dazu Einsicht in Ihre Klausur (s. Kap 10). Lesen Sie sich die Kommentare der Lehrperson durch und versuchen Sie, folgende Fragen für sich zu beantworten:

- Wofür habe ich Punkte erhalten und wofür Abzüge?
- Welche Beurteilungskriterien hatte die Lehrperson?
- Waren diese Kriterien transparent?
- Habe ich auf die Aufgabenstellung angemessen reagiert?
- Habe ich mich bei den ersten drei Schritten effizient verhalten?

Um sich diese Fragen im je konkreten Fall beantworten zu können, ist ein möglichst umfassendes Verständnis von Klausuranforderungen nötig. Dieses Verständnis zu vermitteln dienen die folgenden Kapitel. Erst mit ihnen lässt sich ein zielgerichtetes Studier- und Lernverhalten organisieren.

Übersicht: Vier Schritte der Klausurbewältigung

Studier-/Lernphase vorbereiten → (Semesterbeginn)

- alte Klausuren beschaffen
- relevante Inhalte bestimmen
- Aufgabenformaten ermitteln
- Kognitive, textliche, methodische Anforderungen analysieren
- Beurteilungskriterien ermitteln
- Lernplan erstellen
- Zeitplan für das Semester erstellen

↓

Lernen → (während des Semesters/ vor der Klausur)

- Lernunterlagen zusammenstellen
- Zeitplan für das Lernen erstellen
- Lernformen festlegen
- studieren und lernen
- ggf. Lerngruppe bilden
- Prüfung simulieren

↓

Klausur schreiben → (während der Klausur)

- Zeitplan festlegen
- Aufgaben analysieren
- Strategie zur Beantwortung bzw. Bearbeitung festlegen
- schreiben
- überarbeiten

↓

Reflexion → (nach der Klausur)

- die eigene Klausur einsehen
- Punktvergabe nachvollziehen
- sich die Anforderungen der Lehrperson bewusst machen
- Studier-/Lernverhalten überdenken
- Schreibstrategie überdenken

2 Aufgabenstellungen analysieren

Es ist sinnvoll, bereits zu Beginn des Semesters die Prüfungsanforderungen zu analysieren, weil diese das Studier- und Lernverhalten bestimmen. Dazu kann man sich alte Klausuren anschauen und die Frage stellen:

Was wird von mir in der Klausur eigentlich verlangt?

In der Regel beziehen Studierende die Klausurvorbereitung ausschließlich auf die Inhalte, die geprüft werden. Die Anforderungen in Klausuren haben aber mehrere Dimensionen, wie in diesem Kapitel gezeigt wird.

2.1 Verständnisprobleme beim Lesen

An einem Beispiel soll zunächst gezeigt werden, welche Probleme bei der Bearbeitung von Klausuraufgaben auftreten können. In einer Klausur zum Seminar *Bildungsprobleme der Einen Welt: Das Beispiel Senegal* wurde unter 30 Aufgaben auch folgende Frage gestellt:

> *Was sind – spezieller, aber nur grob skizziert – die (beunruhigenden) Ergebnisse hinsichtlich der Lese- und Schreibkompetenzen (in der Unterrichtssprache) in »südlichen Ländern« am Ende der Primarschulzeit?*

1. Problem: Fehlende Eindeutigkeit

Beim Lesen stutzt man, denn die Aufgabenstellung ist nicht unmittelbar verständlich.

- Was ist mit »spezieller« gemeint?
- Was bedeutet »grob skizziert«? Betrifft diese Formulierung die Art der Darstellung? Oder die dargestellten Inhalte? Meint ›skizziert‹ nicht schon ›grob‹?
- Warum gibt es zwei Klammern, könnte man sie nicht weglassen?
- Was ist mit »südlichen Ländern« gemeint und warum wurden hier Anführungszeichen gesetzt?
- Muss man für alle Länder etwas Gemeinsames finden, oder bezieht sich das »spezieller« auf landesspezifische Unterschiede?

Es ist für den Klausurerfolg von Nachteil, wenn man schon bei der Aufgabenstellung viele Fragen hat, zumal im vorliegenden Fall pro Aufgabe nur drei Minuten Zeit zur Bearbeitung vorgegeben wurden.

Eine Studierende beantwortete die Frage mit folgendem Text:

> *»mangelnde Lese- & Schreibkompetenzen, oft gar keine, da Unterrichtssprache europäisch in Senegal z. B. Französisch, oft verbunden mit Identitätsdiffusion« (Originaltext)*

2. Problem: Undurchschaubare Beurteilungskriterien

Die Lehrperson vergab für diese Antwort 0,5 von 2 Punkten. Es finden sich keine Korrekturen der Lehrperson, keine Begründungen für die Vergabe von Punkten oder sonstige Kommentare. Das Verfahren der Punkte- und der Notenvergabe blieb für die Studierende undurchschaubar. Erst durch ein Gespräch in der Sprechstunde der Lehrperson kann sie sich nachträglich Klarheit verschaffen.

3. Problem: Unklarheit über die kognitiven Anforderungen

Hinsichtlich der Bewertung könnte sie sich während der Klausur folgende Fragen stellen:

- Welche Inhalte erwartet die Lehrperson?
- Woran erkenne ich an der Aufgabenstellung, was die Lehrperson erwartet?
- Wie tiefgehend soll ich die Inhalte darstellen?
- Müssen gelernte Inhalte für die Klausur nur auswendig wiedergegeben werden, oder muss man in der Lage sein, sie in neuen Zusammenhängen darzustellen, zu beurteilen, zu erläutern?
- Wie bewertet er die Inhalte, wie die Form der Darstellung?

4. Problem: Unsicherheit über die Textform

Die Lehrperson erwartet, dass Sie etwas nur »grob skizzieren«. Was bedeutet das? Müssen Sie einen zusammenhängenden Text schreiben oder nur Stichworte? Kommt es auf Begriffe an oder auf Begründungen? Wie bewertet sie die Sprache, wie die Form der Darstellung?

Selten kommentieren Lehrende die Klausurtexte der Studierenden. Anders jedoch die Lehrperson, von dem die nachstehenden Bemerkungen stammen:

> *»Bei drei Aspekten sind die Erläuterungen (für die es je ½ Punkt gibt) etwas unvollständig, deswegen der eine Punkt Abzug. Sehr gut finde ich die Wieder-*

gabe mit eigenen Worten statt stumpfem Auswendiggelerntem ... und die ›Übersetzung‹ in Beispielhaftes.«

Eindeutigkeit und Klarheit der Anforderungen sind im akademischen Kontext vor allem in Prüfungssituationen von großer Bedeutung. Mit Blick auf Klausuren heißt das für Lehrende, zunächst die Aufgaben sorgfältig zu formulieren, da die Aufgabenstellung als Arbeitsanweisung der Lehrperson an die Studierenden zu verstehen ist.[1] Aber auch wenn die Lehrperson eine Aufgabe verständlich formuliert hat: Sie selbst sollten sich in der Vorbereitung auf eine Klausur immer auch die Formulierungen von Aufgabenstellungen vor Augen führen, um die Arbeitsanweisungen mit ihren z. T. nicht offensichtlichen Implikationen zu verstehen.

2.2 Funktionale Bestandteile von Aufgabenstellungen

Beginnen Sie Ihre Vorbereitung auf die Klausur damit, sich Aufgaben der letzten Semester anzuschauen (s. Kap. 1.5). Um deren Anforderungen in den Blick zu bekommen, können Sie sich folgende Fragen stellen:

Fragen	Betreffen
Welches Thema und welche Inhalte sollen bearbeitet werden?	**den Prüfungsgegenstand**
Welche Denkleistung wird von Ihnen verlangt? Inhalte nur wiedergeben oder auch anwenden, entwickeln, kommentieren?	**den kognitiven Anforderungsbereich**
Ist die methodische Bearbeitung des Themas vorgegeben?	**das Bearbeitungsverfahren**
Wie sollen Sie die Inhalte darstellen? Sollen Sie einen Essay schreiben? Einen Bericht? Einen längeren gegliederten Text? Oder sollen Sie etwas ankreuzen oder eine Grafik beschriften?	**die Darstellungs- bzw. Textform**

1 Lehrenden ist häufig nicht bewusst, wie problematisch es ist, wenn Anforderungen hinsichtlich der inhaltlichen Tiefe, der kognitiven Leistung, der textlichen Darstellung sowie des Gegenstandsbereichs unklar formuliert sind. In diesem Punkt ist die Lage an den Schulen besser, forciert nicht zuletzt durch die Einführung des Zentralabiturs.

Mit Ausnahme des Bearbeitungsverfahrens müssen die Bestandteile

- Prüfungsgegenstand (Thema und Inhalte),
- kognitiver Anforderungsbereich und
- Darstellungs- bzw. Textform

aus der Aufgabenstellung ersichtlich sein. Wie Sie diese Bestandteile ermitteln können, wird im Folgenden an Beispielen erläutert.

Prüfungsgegenstand ermitteln

In den folgenden beiden Aufgaben ist der Prüfungsgegenstand derselbe. Das Thema lautet: Wahrnehmungsentwicklung, die zu bearbeitenden Inhalte beziehen sich auf Forschungsmethoden zur Wahrnehmungsentwicklung.

Aufgabe 1
Nennen Sie zwei Forschungsmethoden zur Wahrnehmungsentwicklung.

Aufgabe 2
Beschreiben Sie kurz zwei Forschungsmethoden zur Wahrnehmungsentwicklung.

Kognitiven Anforderungsbereich bestimmen

Mit dem kognitiven Anforderungsbereich ist die Denkleistung gemeint, die zur Lösung oder Bearbeitung der Aufgabe erbracht werden muss. Im Fall der ersten Aufgabe besteht sie darin, auswendig gelernte Begriffe zu nennen. In der zweiten Aufgabe ist der Anspruch höher, da Sie nachweisen sollen, dass Sie eine inhaltliche Vorstellung von den Forschungsmethoden haben und diese sprachlich auch angemessen darstellen können. Die geforderte Denkleistung unterscheidet also die beiden Aufgaben voneinander. Noch anspruchsvoller wäre die folgende Aufgabe:

Aufgabe 3
Vergleichen Sie zwei Forschungsmethoden zur Wahrnehmungsentwicklung.

In dieser Aufgabe müssten Sie die Forschungsmethoden nennen (s. Aufgabe 1), sie beschreibend darstellen (s. Aufgabe 2) und sie dann anhand von vorhandenen oder zu entwickelnden Kriterien vergleichen und evtl. auch beurteilen.

Textform herausfinden

In den o. g. drei Beispielen werden unterschiedliche Textformate verlangt:

- In Aufgabe 1 listen Sie die Fachbegriffe auf (**Textform ›Auflistung‹**)
- In Aufgabe 2 schreiben Sie zwei **kurze Texte,** wobei sich die Kürze nach der Zeit bemisst, die Ihnen für die Bearbeitung dieser Aufgabe zur Verfügung steht. Sie formulieren lediglich die Charakteristika der Forschungsmethoden. Da die Lehrperson nur nach Begriffen sucht und nach Zusammenhängen, reicht vermutlich eine stichwortartige Beschreibung.
- In Aufgabe 3 wird von Ihnen verlangt, einen **längeren, gegliederten Text zu schreiben.** Gefordert sind die Darstellung zweier Forschungsmethoden sowie die Bezugnahme aufeinander anhand von Kriterien, die Sie selbst gewählt haben. Der geforderte Vergleich schließt i. d. R. ein Urteil ein, für das Sie die Textform ›Urteil‹ benötigen.

Derartige Textformen zu schreiben sollten Sie üben, um in der Klausur auf Ihre eingeübte Schreibfertigkeit zurückgreifen zu können.

Bearbeitungsverfahren ermitteln

Was beim Schreiben von Klausuren unter Bearbeitungsverfahren zu verstehen ist, unterscheidet sich je nach Fach. Reflektiert werden muss es nur beim Schreiben von längeren, gegliederten Texten bzw. in bestimmten Fächern. Beispiele für Bearbeitungsverfahren sind der Gutachtenstil im Fach Jura, exegetische Verfahren in den Theologien, Interpretationsverfahren und Argumentationsstrukturen in den Philologien, aber auch spezielle Anamneseverfahren in der Medizin.

HINWEISE

- Vergegenwärtigen Sie sich anhand alter Klausuren die Spannbreite möglicher Anforderungen.
- Beschäftigen Sie sich nicht nur mit prüfungsrelevanten Inhalten, sondern auch mit Textformen. In der Klausur können Sie Zeit sparen, wenn Sie »Baupläne« von Textformen im Kopf haben.
- Schätzen Sie ein, womit Sie persönlich Probleme haben könnten und üben Sie die betreffenden Dinge.

Zusammenfassendes Beispiel

Wie lassen sich die vier Bestandteile in einer Aufgabenstellung erkennen? Dazu ein Beispiel:

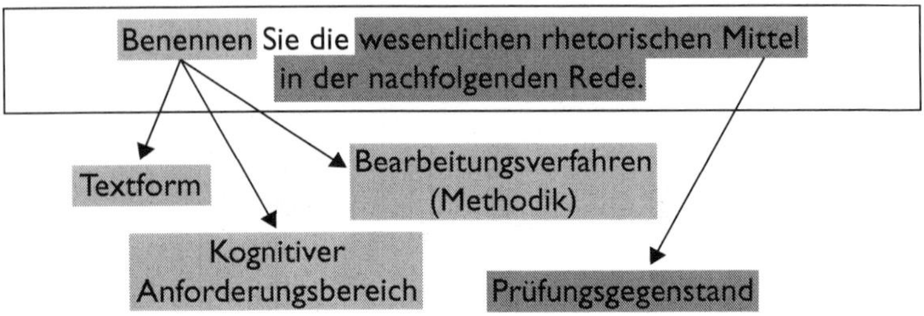

Wie das Schema deutlich macht, spielen in den Aufgabenstellungen die Verben eine zentrale Rolle. Da sie imperativisch gebraucht werden, nennt man sie auch Aufforderungsverben oder **Operatoren**. Es gibt eine Vielzahl von Operatoren, die in Aufgabenstellungen verwendet werden. Es ist wichtig, sich zu fragen, welche Anforderungen mit welchem Operator verbunden sind.

2.3 Operatoren als Indikatoren

Aufgaben werden entweder als Fragen oder als Aufforderungen formuliert. Hier geht es ausschließlich um Aufforderungssätze mit Operatoren als zentrale Prüfungsanweisungen. Die Analyse von Fragestellungen wird in Kapitel 6 behandelt.

Mit Operatoren drückt die Lehrperson ihre Erwartung aus,

- welche **kognitive Leistung** die Studierenden erbringen sollen (Anforderungsbereich),
- welche **Textform** erwartet wird, eine manchmal explizite, zuweilen implizite Anforderung,
- welches **Bearbeitungsverfahren** angewendet werden soll (eine zumeist implizite Anforderung).

Die Operatoren sind der Schlüssel zum Verständnis einer Aufgabenstellung.

Bei der in 2.2 angeführten Aufgabe »Benennen Sie die wesentlichen rhetorischen Mittel in der nachfolgenden Rede« hat die Lehrperson eine einfache und klare Arbeitsanweisung erteilt:

Operator	Anforderungs-bereich	Textform	Bearbeitungs-verfahren
benennen	Identifizieren = Reproduktion von gelerntem Wissen	Auflistung von Fachtermini	Identifizieren und mit Fachtermini versehen

Der Operator *benennen* lässt sich vor diesem Hintergrund folgendermaßen bestimmen:

benennen — Informationen über den Prüfungsgegenstand mit Hilfe des angeeigneten Wissens zusammentragen (kognitive Anforderungen und Bearbeitungsverfahren) und sprachlich angemessen auflisten (Textform), ohne die Informationen zu kommentieren.

WICHTIG

- Halten Sie sich ausschließlich an das, was von Ihnen verlangt wird.
- Zusätzliche Leistungen werden in der Regel nicht honoriert, kosten Sie aber Zeit.

Die Lehrperson achtet bei der Durchsicht Ihres Textes ausschließlich auf die Fachtermini. Werden diese nicht erwähnt, sondern nur umschrieben, erhalten Sie gar keine oder weniger Punkte. Werden die gesuchten Begriffe genannt und zusätzlich erläutert, erhalten Sie Punkte für die Nennung, nicht jedoch für die Erläuterung.

Weitere Beispiele für Operatoren, die mit den Anforderungen des Verbs *benennen* vergleichbar sind:

aufzählen — geforderte Informationen zusammentragen, ohne diese zu kommentieren (kognitive Anforderung) und in einer Liste bzw. Aufzählung sprachlich angemessen wiedergeben (Textform)

bezeichnen	Vorgänge, Sachverhalte, Probleme, Aussagen usw. in vorgegebenen Texten oder Darstellungen erkennen (kognitive Anforderung) und den zutreffenden Begriff aufschreiben oder eintragen (Textform)

Die Zahl der in Klausuren verwendeten Operatoren ist sehr groß. Eine umfangreiche Liste, teilweise mit Erläuterungen versehen, finden Sie im folgenden Kapitel.

Bei dem einfachen Beispiel, das oben ausgeführt wurde, werden Sie sich vielleicht fragen: Wozu dieser analytische Aufwand? Die Aufgabenstellung ist doch klar verständlich und ich wüsste, was ich zu tun hätte. Der Sinn der Analyse zeigt sich anhand anspruchsvollerer Aufgabenstellungen. Noch einmal die Aufgabe aus Kapitel 1.1:

In der Presse gibt es immer wieder Berichte über junge Frauen, die eine die Brust verschönernde Operation zum 21. Geburtstag geschenkt bekommen. Nehmen Sie dazu kritisch Stellung und beziehen Sie dabei Ihnen bekannte medizinethische Argumente mit ein.

Aus: Klausur zum Seminar »Einführung in die Medizinethik«

Sicherlich fragen Sie sich: Wie sieht eine kritische Stellungnahme aus? Stellen Sie sich diese Frage erst in der Prüfungssituation, so werden Sie einige Zeit dafür benötigen, sich einen angemessenen Schreibplan zu überlegen. Sie müssen sich also mit der Textorganisation auseinanderzusetzen, **bevor** Sie mit der Bearbeitung der Aufgabe beginnen können:

Fangen Sie etwa mit der Darstellung Ihrer persönlichen Haltung an?

> *»Ich bin der Meinung, dass .... Meine Haltung wird gestützt von dem ...«*

Oder mit der Darlegung eines Kriterienrasters zur moralischen Beurteilung praktischer Handlungen?

> *»Die moralische Beurteilung medizinischer Eingriffe kann nur auf der Grundlage ...«*

Bei diesen Texteinstiegen ist zu fragen, ob sie nicht allzu unvermittelt sind. Die Leserin braucht zu Beginn eine Orientierung, weswegen akademische Texte in der Regel eingeleitet werden.

HINWEIS ZUM SCHREIBEN

- Informieren Sie sich vor der Klausur, wie bestimmte Textbausteine (Einleitungen, Schluss, Zusammenfassungen etc.) aufgebaut und sprachlich gestaltet werden.

Doch zunächst einmal eine Übersicht über den Operator *kritisch Stellung nehmen*:

Anforderungsbereich	Textform	Bearbeitungs-verfahren
Darstellen und Verteidigen einer Meinung durch Beurteilung von Informationen auf Grundlage eines Kriterienkatalogs und unter Zuhilfenahme von Argumenten aus der Fachliteratur	• gegliederter Text • strukturierter Hauptteil • Kennzeichen: deutliche Unterscheidung von Meinung und Quelle • plausibles Argumentieren ...	Schreiben eines kohärenten Textes mit sinnvollen Strukturen, dabei Reproduktion von Wissen. Methodisch: • Schreibplan • Argumente aus der Literatur zur Stützung einer eigenen Meinung ...

Der Operator *kritisch Stellung nehmen* lässt sich vor diesem Hintergrund funktional in folgender Weise bestimmen:

- die eigene Meinung äußern und diese fachlich absichern,
- über eine Beurteilung hinaus einen Wertebezug auf Basis akzeptierter Kriterien herstellen,
- als Voraussetzung für die Meinungsbildung den Sachverhalt gründlich bearbeiten, dazu eigenes fachliches Wissen einbringen, Bezug auf evtl. vorhandene Materialien nehmen und ähnlich geartete Beispiele aufführen.
- Für die textliche Darstellung könnte sich folgende Gliederung ergeben:

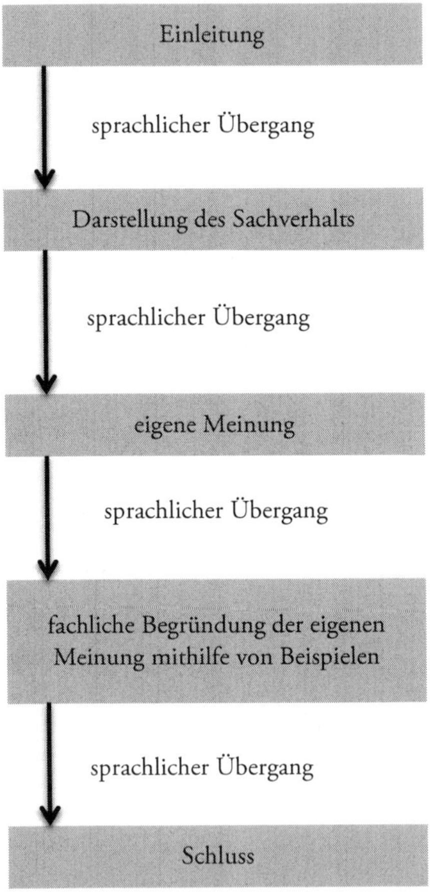

WICHTIG

- Modifizieren Sie die Inhalte der Tabelle, indem Sie die Aufgabenstellungen variieren.
- Orientieren Sie Ihr Studier-, Lern- und Schreibverhalten auch an der Erwartungshaltung der jeweiligen Lehrperson.
- Um im Schreiben sicherer zu werden, empfiehlt es sich, das Verfassen von Texten vor der Klausur zu üben. Bestimmte Textbausteine wie die Einleitung oder einen Schluss können Sie vorformulieren.

2.4 Zusammenführendes Beispiel

Im Folgenden werden an einem einfachen Beispiel noch einmal alle funktionalen Elemente einer Aufgabenstellung in Kurzform dargestellt.

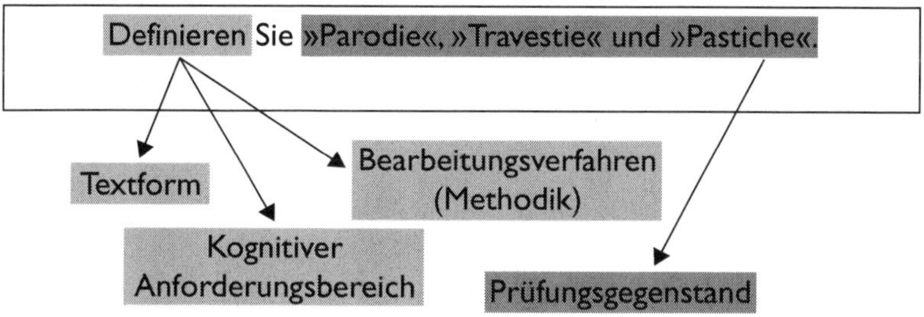

Aus: Einführung in die Literaturwissenschaft

Prüfungsgegenstand

Gegenstand der Aufgabe sind Gattungsbezeichnungen aus der romanischen Literaturwissenschaft.

Kognitive Anforderungen

Das Aufforderungsverb »definieren« gibt Ihnen an, dass Sie eine gelernte Definition wiedergeben oder diese entwickeln sollen.

Bearbeitungsverfahren

Es sollen Definitionen niedergeschrieben werden, anhand derer die Eigenheiten der angegebenen drei Gattungen deutlich werden. Vermutlich erwartet die Lehrperson auch, dass Sie Abgrenzungen zu den benachbarten Gattungen vornehmen, da die Bedeutung von Begriffen auch durch die Abgrenzungen zu Nachbarbegriffen bestimmt wird.

Textform

Verlangt werden drei kurze Texte in der sprachlichen Form einer Definition.

Weitergehende Informationen wie Werkbeispiele für Travestien, das Nennen von Autoren, gesellschaftliche Hintergründe, literaturhistorische Bezüge usw. werden nicht verlangt.

Sprachlich hilfreich für derartige Aufgaben sind Redemittel, die in Definitionen immer wieder auftreten.[2]

2.5 Fachspezifische Konventionen und individuelle Erwartungshaltung der Lehrperson

Die Auseinandersetzung mit der Bedeutung der Operatoren sollte ein Teil der Prüfungsvorbereitungen sein. Weil dieses Buch fächerübergreifend angelegt ist, müssen entsprechende Angaben hier allgemein bleiben. Welche Anforderungen etwa mit dem Verb »begründen« verbunden sind, lässt sich erst im Fachkontext bestimmen, da jedes Fach seine eigenen Argumentationsstrukturen herausgebildet hat: Interpretatives Begründen (Philologien), exegetisches Begründen (Theologie), empirisches Begründen (z. B. bei der Datenerfassung in der empirischen Sozialforschung) oder auch juristisches Begründen unterscheiden sich erheblich voneinander.

Neben fachspezifischen Auffassungen und den mit ihnen einhergehenden Erwartungen sind individuelle Erwartungen zu berücksichtigen, die eine jeweilige Lehrperson mit einem Operator verbindet. An Universitäten gibt es keine Standardisierung solcher Erwartungen resp. Anforderungen. Die Lehrenden formulieren die Prüfungsaufgaben eigenverantwortlich und müssen sich dabei nicht an standardisierten Vorgaben orientieren.

HINWEIS

- Vergewissern Sie sich deshalb, was eine Lehrperson unter bestimmten Operatoren versteht und was für Anforderungen sie mit ihnen verbindet.

2 Solche Formulierungshinweise finden sich z. B. in: Beinke u. a., Die Seminararbeit, 3. Auflage 2016, S. 222 f.

2.6 Bedeutung der Aufgabenanalyse

Für viele Studierende ist es belastend, am Ende des Semesters innerhalb weniger Tage mehrere Klausuren schreiben zu müssen. Zeitlich und inhaltlich gut geplante Lernphasen helfen in dieser Situation, Klausuren zu meistern.

Die Analyse der Prüfungsanforderungen ist besonders wichtig. Wenn Sie wissen, dass Sie ausschließlich Multiple Choice-Aufgaben bearbeiten werden, in denen strukturiertes Wissen abgefragt wird, dann kann die Prüfungsvorbereitung z. B. darin bestehen,

- prüfungsrelevante Themen und Inhalte zu ermitteln,
- die nötige Wissenstiefe herauszufinden, um sich beim Lernen nicht in Details zu verlieren,
- während des Semesters prüfungsrelevantes Wissen so aufzubereiten, dass es in der Prüfungsvorbereitung schnell verfügbar ist,
- Lernphasen unmittelbar vor der Prüfung einzuplanen;
- Probeklausuren zu schreiben und auf die Wissenslücken zu reagieren,
- Aufgabenstellungen auf für Sie unklare Formulierungen hin zu untersuchen. Dies gilt besonders bei MC-Fragen.

Wissen Sie aber, dass die Lehrperson von Ihnen die Anwendung des Wissens auf bestimmte Situationen erwartet, ja dass Sie sogar eine Beurteilung vornehmen müssen, dann sollten Sie diesen Prozess üben, etwa indem Sie

- Tutorien besuchen,
- regelmäßig Hausaufgaben abgeben,
- in einer Lerngruppe arbeiten,
- Probetexte verfassen,
- Ihre Texte mit anderen Studierenden besprechen.

Der Arbeits- und Lernprozess während des Semesters sieht in letzterem Fall anders aus, als wenn Sie nur Reproduktionsaufgaben zu bearbeiten hätten.

HINWEISE ZUR ANALYSE VON AUFGABENSTELLUNGENALTER KLAUSUREN

- Notieren Sie sich die Inhalte, die Sie bei der Analyse der Klausuraufgaben ermitteln haben.
- Versuchen Sie frühzeitig herauszufinden, welche Denkleistung in der Klausur verlangt wird (kognitive Anforderung).

- Befassen Sie sich mit Fragen der Textformen.
- Bei Unklarheiten fragen Sie frühzeitig die Lehrperson. Oft verbergen sich hinter Aufgabenstellungen weitreichende Erwartungen.
- Ziehen Sie aus den Analyseergebnissen Konsequenzen für Ihr Lernverhalten.
- Besorgen Sie sich geschriebene Klausuren und gehen Sie die Texte unter den Gesichtspunkten durch, wie der Text aufgebaut und geschrieben wurde und wie die Lehrperson darauf reagiert hat.

3 Kognitive Anforderungen

3.1 Hierarchie kognitiver Anforderungen

Wie Sie im vorhergehenden Kapitel gesehen haben, enthalten die Operatoren in den Aufgabenstellungen einen Hinweis auf die kognitiven Anforderungen, die in der Klausur an Sie gestellt werden.

Im Zusammenhang mit lernzielorientiertem Unterricht wird von **kognitiven, affektiven, sozialen und psychomotorischen Anforderungen** gesprochen. In Klausuren an Universitäten sind vor allem die kognitiven Anforderungen von Bedeutung.[3] In den Prüfungen geht es in erster Linie darum, Wissen darzulegen und in unterschiedlicher Form anzuwenden. Selten wird verlangt, affektive, soziale oder psychomotorische Fähigkeiten zu zeigen. Aus diesem Grund wird der Begriff »Kompetenz« mit seiner umfassenden Bedeutung hier nicht verwendet.[4] Stattdessen wird von kognitiven Anforderungsbereichen gesprochen.

Wenn Sie vor einer Klausur wissen, welche **Inhalte** in der Prüfung von Ihnen erwartet werden (s. Kapitel 4), können Sie darauf Ihr Studier- und Lernverhalten ausrichten. Ebenso ist es von Vorteil zu wissen, welche Denkleistungen (**kognitiven Anforderungen**) von Ihnen erwartet werden. So besteht für die Vorbereitung ein großer Unterschied, ob Sie Fakten auswendig lernen oder Zusammenhänge verstehen, anwenden und beurteilen müssen.

Vergessen wird häufig, dass für bestimmte Klausurtypen auch **Schreibfähigkeiten** (s. Kapitel 5) erwartet werden. In mehrstündigen Themenklausuren müssen Sie längere Texte schreiben. Das bedeutet, dass Sie den gängigen Textaufbau kennen müssen (Textbauplan). Sie sollten weiterhin den Schreibprozess beherr-

---

3 Als Ausnahme kann man z. B. Prüfungsanforderungen in den Sportwissenschaften ansehen, ebenso können motorische Fähigkeiten in künstlerischen Fächern wie Grafikdesign, Kunst, Musik usw. oder der Medizin verlangt (prozedurales Wissen) werden.

4 Der Kompetenzbegriff wird am sinnvollsten situationsbezogen verwendet, z. B. für Anforderungen im Unterricht bzw. für die Beschreibung von deren Vermittlungszielen. Für die Beschreibung von Anforderungen in Klausuren ist der Kompetenz-Begriff weniger geeignet. Faktisch reduzieren sich die im Unterricht erworbenen Handlungspotenziale in universitären Prüfungen auf die Darstellung und Anwendung von abprüfbarem kognitivem Wissen, auch wenn dabei ein unterschiedlich hoher Grad an kognitiven Anforderungen festgestellt werden kann. Universitäre Klausurprüfungen stellen in der Regel keinen Eignungstest für bestimmte Situationen dar.

schen, von der Analyse der Aufgabe über die Gliederung, dem Schreiben eines gegliederten, kohärenten Textes bis hin zur Korrektur. Diese Schreibfähigkeit wird in der Regel nicht gelehrt, sondern als erworbene Kompetenz vorausgesetzt.

Die inhaltlichen, kognitiven und textuellen Anforderungen sind aufeinander bezogen: Kennen Sie die Denkleistungen, die in der Prüfung verlangt werden, können Sie Ihr Schreibverhalten darauf ausrichten. Erst auf dieser Wissensgrundlage können Sie auch die Operatoren besser verstehen und die Aufgabenstellungen analysieren.

In der folgenden Übersicht soll ein Eindruck davon vermittelt werden, was von Ihnen in einer Prüfung erwartet wird und auf welche Anforderungen Sie i. d. R. nicht vorbereitet werden:

Klausuranforderungen **Die Lehrperson vermittelt**

Wissen
- Fachwissen
- Prüfungswissen
- Schreibwissen

Kognitive Fähigkeiten
- Wissen darstellen
- Wissen anwenden / transferieren
- Argumentieren / Stellung nehmen / Problemstellung bearbeiten
- Aufgaben analysieren, Anforderungen erkennen
- Studier- und Lernprozess organisieren
- Prüfungsablauf planen

Psychische Fähigkeiten
- Angstblockaden lösen
- Schreibhemmung überwinden
- Zeitdruck bewältigen
- Konkurrenzsituation akzeptieren
- …

An der grauen Markierung lässt sich erkennen, dass Ihnen nur ein Teil der Klausuranforderungen von der Lehrperson vermittelt wird.

In diesem Kapitel geht es ausschließlich darum, die möglichen kognitiven Anforderungen darzustellen, während in den folgenden Kapiteln 4 und 5 der Prüfungsgegenstand und die Textformen untersucht werden.

Die Lehrperson formuliert ihre kognitiven Anforderungen an Sie in der Aufgabenstellung. Wichtigstes sprachliches Mittel sind, wie bereits gezeigt wurde, die Operatoren.

Hinsichtlich ihrer kognitiven Anforderungen unterscheiden sich die folgenden Aufgabenstellungen:

Unamunos »Niebla« ist — *O ein Roman*

O kein Roman

O eine Mischgattung

Nennen Sie gattungsspezifische Merkmale von Unamunos »Niebla« und leiten Sie daraus argumentativ eine Gattungsbezeichnung ab.

Wurde das Thema »Gattungsbezeichnung von Unamunos Niebla« in der Lehrveranstaltung behandelt, so bezieht sich die kognitive Anforderung der ersten Aufgabe darauf,

- gelerntes Wissen zu reproduzieren,
- eine Auswahl aus gegebenen Alternativen zu treffen.

Die Auswahl, die Sie treffen, müssen Sie nicht begründen.

Wenn das Thema »Gattungen« in der Lehrveranstaltung hingegen nur allgemein behandelt wurde, dann muss das Erlernte auf den Roman von Unamuno angewendet werden. Dies stellt eine höhere Stufe kognitiver Anforderungen dar als bei der ersten Annahme.

Bei der zweiten Aufgabenstellung sollen Sie einen behandelten Stoff (*gattungsspezifische Merkmale* ...) wiedergeben (»*nennen*«) und daraus argumentativ neues Wissen ableiten.

Wenn Sie die Aufgaben vergangener Klausuren analysieren, können Sie daraus ableiten, wie weit Sie Ihr Wissen beim Lernen vertiefen und wie Sie es in der Klausur anwenden sollen. Schon am Anfang des Semesters sollten Sie diese Klausuranforderungen herausfinden, um Ihr Studierverhalten daran auszurichten.

In den folgenden Tabellen sind gängige Anforderungsstufen dargestellt. Sie orientieren sich an dem Grad der Anforderungen, die an das Abstraktionsvermögen bzw. an die Komplexität des Denkens gestellt werden. So sind die kognitiven Anforderungen auf der ersten Stufe (Reproduktion, Wiedergabe) gering. Es geht hier nur darum, gelerntes Wissen wiederzugeben, während auf den folgenden Stufen die kognitiven Anforderungen höher sind. Hier müssen Sie Ihr erworbenes Wissen in Zusammenhängen darstellen, auf unterschiedliche Situationen anwenden oder Beurteilungen abgeben,

Beispiele für Taxonomien kognitiver Anforderungen

Modell 1 (Schulen in Bayern)	**Modell 2** (Bloom, kognitive Lernziele)	**Modell 3** (Hilbert Meyer)
Reproduktion (gelerntes Wissen wiedergeben)	Kenntnisse reproduzieren	*Stufe 1 (Kenntnisse)* 1.1 Kenntnis konkreter Einzelheiten 1.2 Kenntnis wegen und Mitteln für den Umgang mit konkr. Einzelheiten 1.3 Kenntnis der Universalien und Abstraktionen eines Gebietes
	Verständnis (Wissen erläutern)	*Stufe 2 (Verständnis)* 2.1 Übertragung 2.2 Interpretation 2.3 Extrapolation

Modell 1 (Schulen in Bayern)	**Modell 2** (Bloom, kognitive Lern-ziele)	**Modell 3** (Hilbert Meyer)
Reorganisation (gelerntes Wissen mit veränderten Parametern wiedergeben)	Anwendung (von Wissen) Analyse (von Zusammenhängen)	*Stufe 3 (Anwendung)* (keine Unterstufen) *Stufe 4 (Analyse)* 4.1 Analyse von Elementen 4.2 Analyse von Beziehungen 4.3 Analyse von organisatorischen Prinzipien
Transfer (eine gelernte Methode auf neuem Gebiet an-wenden)	Synthese (eigene Problem-lösungsstrategien angeben)	*Stufe 5 (Synthese)* 5.1 Schaffen einer ein-heitlichen Kommuni-kation 5.2 Entwerfen eines Plans oder eines Pro-gramms für eine Reihe von Operationen 5.3 Ableitung ei-ner Reihe abstrakter Beziehungen
Neues Gebiet Auf einem neuen Gebiet eine Lösung finden)	Beurteilung / Evaluation (eigene Problemlösungs-strategien beurteilen)	*Stufe 6 (Beurteilung)* 6.1 Beurteilungen im Hinblick auf innere Klarheit 6.2 Beurteilungen im Hinblick auf äußere Kriterien

In der Unterrichtsplanung hat sich häufig die Annahme von 3 Stufen durchgesetzt mit folgenden, grob beschriebenen kognitiven Anforderungen, denen hier auch die Anforderungen an die Textformate hinzugefügt sind:

Stufe 1
Wissen von Fakten und von Zusammenhängen sprachlich angemessen in kleinen Textformaten wiedergeben

Stufe 2
Wissen darstellen und anwenden / Zusammenhänge darstellen / Wissen in unterschiedlichen Textformaten reorganisieren und transferieren

Stufe 3
Probleme bearbeiten / reflektieren / eigenständige Problemlösung darstellen und beurteilen in längeren, gegliederten, fachsprachlich ausgerichteten Texten

Was sich hinter diesen Stufen verbirgt und wie Ihnen ein Verständnis der Operatoren hilft, die Anforderungen einzuordnen, wird in den folgenden Kapiteln gezeigt.

3.2 Stufe 1: Wissen wiedergeben / reproduzieren

Auf Stufe 1 (in sechsstufigen Taxonomien die Stufen 1 und 2) geht es darum,

- gelernte Informationen unverändert zu reproduzieren,
- sie in einem veränderten Umfeld wiederzuerkennen,
- sie sprachlich angemessen zu nennen.

Dazu gehören Fakten, Begriffe, Definitionen, Zusammenhänge usw. Ein Beispiel soll dies verdeutlichen:

Welche Romangattungen prägen das 16./17. Jahrhundert in Spanien?

Aus: Übungsfrage zur Klausur »Einführung in die Literaturwissenschaft«

Formulierte man die Frage um, so hieße die Aufgabenstellung: »Nennen Sie die Romangattungen, die das 16./17. Jahrhundert in Spanien prägen.« Die Anforderung in dieser Aufgabe besteht ausschließlich darin, Bezeichnungen zu nennen. Eine zusätzliche Erläuterung ist nicht verlangt, kostet Zeit und bringt Ihnen keine Zusatzpunkte.

Erklären Sie die Grundzüge der Postmoderne mit Beispielen aus Vazquez Montalbáns Detektivromanen.

Aus: Übungsfragen zur Klausur »Einführung in die Literaturwissenschaft«

Bei dieser Aufgabe bleibt zunächst unklar, was mit »erklären« gemeint ist. Vermutlich sollte es heißen: »Stellen Sie die Grundzüge dar.«

Wie dieses Beispiel zeigt, kann auf dieser Stufe der Reproduktion von Wissen verlangt werden, Sachverhalte mit eigenen Worten zu erklären oder zusammenzufassen. Dafür müssen Informationen, Ideen oder Zusammenhänge zunächst verstanden sein (*Grundzüge der Postmoderne*) und anschließend in Beziehung zu anderen Fakten (*Beispiele aus Vazquez Montalbáns Detektivromanen*) gesetzt werden.

Auf dieser Stufe gibt es eine Reihe von Operatoren, die in Klausuren benutzt werden. Einige von Ihnen werden in der folgenden Liste erläutert. In der Regel beinhalten sie auch ein bestimmtes Textformat, das fachspezifisch variieren kann. Diese Textformate werden beispielhaft nur in einigen der folgenden Erläuterungen beschrieben, da es von ihnen keine zuverlässigen Beschreibungen gibt.

Operatorenliste Stufe 1[5]

aufzählen	zielgerichtet Informationen zusammentragen, ohne diese zu komentieren Textformat: Liste
aufzeigen	Sachverhalte unter Beibehaltung des Sinnes auf Wesentliches reduzieren / Textinhalte und/oder Textformen sachbezogen, teils deskriptiv, teils analytisch darlegen, verdeutlichend herausstellen

5 Die Operatoren wurden veröffentlichten Listen für den Schulunterricht entnommen sowie durch Sichtung einer Vielzahl von authentischen Aufgabenstellungen erweitert. Die Kommentare stammen ebenfalls aus einer Vielzahl von Quellen, die hier nicht alle angegeben werden können. Z. T. entstammen sie dem Schulkontext, sind in ihrer allgemeinen Beschreibung aber m. E. auch für die Universitäten gültig. Unterschiedlich sind sie u. a. hinsichtlich der inhaltlichen Tiefe, des Anspruchs an kritischer Reflexivität, des wissenschaftlichen Anspruchs, der fachsprachlichen Ansprüche inkl. der Textorganisation.

beschreiben	Sachverhalte unter Beibehaltung des Sinnes auf Wesentliches reduzieren Reproduktion von Merkmalen eines Lerngegenstandes genaue, eingehende, sachliche, auf Erklärung und Wertung verzichtende Darstellung von Personen, Situationen, Vorgängen usw.
bestimmen	etwas wie z. B. Ursachen, Motive, Ziele prägnant, akzentuiert und kriterienbezogen feststellen Aufgaben anhand vorgegebener Daten bzw. Sachverhalte lösen Textformat: variiert (Rechnungen / kleinformatige Texte aus wenigen Sätzen, i. d. R. ungegliedert)
bezeichnen	Sachverhalte, Probleme oder Aussagen erkennen und zutreffend formulieren
darlegen	einen Sachverhalt (Gegenstände, Abläufe) mit Text, Diagramm, Tabelle usw. ausführlich wiedergeben Zusammenhänge, Probleme usw. unter einer bestimmten Fragestellung sachbezogen ausführen/Strukturen, Situationen usw. objektiv abbilden
darstellen	einen Sachverhalt (Gegenstände, Abläufe) mit Text, Diagramm, Tabelle usw. ausführlich wiedergeben Zusammenhänge, Probleme usw. unter einer bestimmten Fragestellung sachbezogen ausführen/Strukturen, Situationen usw. objektiv abbilden
definieren	einen Begriff exakt bestimmen, um ihn von anderen abzugrenzen
ermitteln	Aufgaben anhand vorgegebener Daten bzw. Sachverhalte lösen
formulieren	ein Ergebnis, einen Standpunkt, einen Eindruck usw. knapp, präzise, pointiert – zumeist mit eigenen Worten – ausdrücken
kennzeichnen	wesentliche Aspekte, Typisches / Auffälliges herausstellen, ggf. veranschaulichen

(be-)nennen	zielgerichtet Informationen aufgrund von gelerntem Wissen zusammentragen, ohne diese zu kommentieren
schildern	Sachverhalte, Probleme oder Aussagen erkennen und zutreffend formulieren
skizzieren	das Wichtigste von Sachverhalten, Problemen oder Aussagen erkennen und verdeutlichen, einen Überblick geben ein Persönlichkeitsbild, eine Handlung usw. auf Grundlegendes begrenzt akzentuiert darstellen
wiedergeben	Sachverhalte unter Beibehaltung des Sinnes auf Wesentliches reduzieren Gelerntes, Erarbeitetes oder aus vorgegebenem Material Entnommenes mit eigenen Worten darlegen und dabei zusammenfassen dem vorliegenden Material gezielt Informationen entnehmen bzw. Erlerntes wiedergeben, ohne dabei eine eigene Meinung einzubringen oder den Sachverhalt in irgendeiner Art und Weise zu ergänzen, zu erläutern oder gar zu interpretieren
zeigen	Textinhalte und / oder Textformen sachbezogen, teils deskriptiv, teils analytisch darlegen, verdeutlichend herausstellen
zusammenfassen	Sachverhalte unter Beibehaltung des Sinnes auf Wesentliches reduzieren Texte bzw. Textteile sachbezogen, strukturiert, komprimiert, auf Wesentliches ausgerichtet wiedergeben

Weitere:

abgrenzen
ableiten
abstrahieren
analysieren
bilden
deuten
durchführen
einordnen
klassifizieren
konstruieren
markieren
nachvollziehen

andeuten
anführen
angeben
anordnen
anschreiben
aufführen
auflisten
auslegen
auswählen
auswerten
benennen
benutzen
berechnen
berichten
beschriften
erfassen
ergänzen
erkennen
erklären
erläutern von Informationen
erstellen
extrapolieren
feststellen
finden
folgern
gegenüberstellen
gestalten
handhaben
herausstellen
illustrieren
rechnen
übersetzen
übertragen
umschreiben
umsetzen
umwandeln
vergleichen
verdeutlichen
vortragen
zeichnen
zitieren
zuordnen
zusammenstellen

Mögliche Probleme

Bei der Bearbeitung einer Aufgabe können verschiedene Schwierigkeiten auftreten, was an der folgenden Aufgabe gezeigt werden soll:

> Benennen Sie die wesentlichen rhetorischen Mittel in der nachfolgenden Rede.

- Sie benennen nicht alle wesentlichen Mittel und werden damit den Anforderungen nicht gerecht.
- Sie beschreiben die Funktion der rhetorischen Mittel in Bezug auf die Wirkung, die der Redner beabsichtigt. Dies würde einer höheren Anforderung entsprechen als die bloße Reproduktion von Wissen, ist aber nicht verlangt.

- Sie unterwerfen die Rede, etwa hinsichtlich ihres demagogischen Gehalts, einer Grundwerte-Kritik. Dies ist nicht verlangt.
- Sie benennen nicht, sondern umschreiben mit eigenen Worten.

HINWEISE FÜR DIE STUDIER- UND LERNPHASE

- Ermitteln Sie, wie genau und detailliert Sie einen Sachverhalt kennen müssen.
- Schließen Sie daraus, welche Materialien Sie zur Prüfungsvorbereitung benötigen.
- Bedenken Sie den Zeitaufwand, den Sie evtl. zum Lesen weiterführender Literatur benötigen.

3.3 Stufe 2: Wissen darstellen und anwenden

Aufbauend auf Stufe 1 geht es auf Stufe 2 (in sechsstufigen Taxonomien auf den Stufen 3 und 4) darum,

- gelernte Informationen sinngemäß wiederzugeben,
- gelernte Strukturen auf einen sprachlich neuartigen, strukturell gleichen Inhalt zu übertragen,
- gelerntes Wissen auf einen anderen Zusammenhang zu übertragen und dadurch einfache Probleme zu lösen,
- Zusammenhänge zu erkennen und zu beschreiben,
- Folgerungen abzuleiten, Schlussfolgerungen zu ziehen,
- Widersprüche in Argumentationen aufzuzeigen,
- Informationen zu prüfen und zu gliedern,
- Beweise für Argumente zu finden,
- Verallgemeinerungen zu treffen,
- …

Beispiel 1

Erläutern Sie Unterschiede zwischen Erzählzeit und erzählter Zeit und illustrieren Sie verschiedene Verhältnisse zwischen diesen an zwei Romanen.

Aus: Einführung in die Literaturwissenschaft

Beispiel 2

Ein Unternehmen verbraucht im Jahr 726 Mengeneinheiten eines bestimmten Rohstoffs, der während des Jahres gleichmäßig in die Produktion eingeht. Für jede Bestellung fallen bestellmengenunabhängig Bestellkosten in Höhe von 181,50 Euro an. Ferner entstehen jährlich Lagerkosten in Höhe von 18 Euro je Mengeneinheit. Zu Beginn des kommenden Jahres liegt kein Rohstoff auf Lager; bestellte Mengen werden immer ohne zeitliche Verzögerung geliefert und gehen dem Lager schlagartig zu, d. h. die Lagerzugangsgeschwindigkeit ist unendlich hoch. Lagerflächen sind in ausreichendem Umfang vorhanden. Der Planungszeitraum ist das kommende Jahr.

Berechnen Sie die kostenminimale Bestellmenge, die Bestellhäufigkeit und die Bestell- und die Lagerhaltungskosten.

Aus: BWL 3 / Produktion und Absatz, Klausur im Rahmen der wirtschaftswissenschaftlichen Diplom-Vorprüfung / Diplomprüfung

Im ersten Beispiel aus der Literaturwissenschaft sollen Sie einen **strukturierten Text schreiben**. Sie beginnen sinnvollerweise damit darzustellen, was unter Erzählzeit und erzählter Zeit verstanden wird (Wissen reproduzieren, Stufe 1). Anschließend stellen Sie die Unterschiede dar und erläutern sie mit eigenen Worten (Verstehen von Zusammenhängen). Auswendig gelernte Fakten helfen Ihnen hier nur noch sehr bedingt. Mit Hilfe von Beispielen aus zwei Romanen sollen Sie dann verschiedene Verhältnisse von Erzählzeit und erzählter Zeit illustrieren (Stufe 2, Übertragung von Wissen).

HINWEISE ZUM SCHREIBVERHALTEN

- Halten Sie sich genau an die Aufgabenstellung.
- Strukturieren Sie Ihren Text so, dass die diversen Aufgaben, die in der Aufgabenstellung enthalten sind, in Ihrem Text gut erkennbar bearbeitet sind.

Im zweiten Beispiel aus der Betriebswirtschaft besteht die Aufgabe darin, erlernte Berechnungsverfahren zu reproduzieren (Stufe 1) und sie auf eine Gegebenheit anzuwenden, die in einer sprachlichen Vorlage beschrieben wird (Stufe 2). Sie müssen zu vier rechnerischen Ergebnissen kommen.

Ein weiteres Beispiel soll dazu dienen, die Vielfältigkeit der möglichen Anforderungen zu zeigen.

Beispiel 3

Als Sie in der U-Bahn auf dem Weg ins Büro die Headline des Leitartikels der Lebensmittelzeitung lesen, sind Sie geschockt. Nun ist es auch zur Presse durchgesickert: Entgegen den hohen Erwartungen hat sich Ihre Produktinnovation nicht zum Kassenschlager entwickelt. Der Product Launch verlief zunächst erfolgreich, aber nach nur einem Vierteljahr haben Sie mit schrumpfenden Umsätzen zu kämpfen. Ihr Konzept scheint nicht aufzugehen. Was haben Sie nur falsch gemacht? Sie beginnen zu grübeln: Lag es vielleicht an der nicht zielgruppenkonformen Werbekonzeption (»Ich bin doch nicht blond!«) und damit am mangelnden Marketing-Push, oder hat der Handel die Zielgruppen der »neuen alten« Konsumenten bisher nicht richtig angesprochen, so dass ein mangelnder Marketing-Pull vorliegt?

Aufgabe: Welches sind Ihrer Meinung nach die Kernherausforderungen für den deutschen Handel beim Umgang mit den »neuen alten« Konsumenten (»55plus«)?

Aus: BWL 3 / Produktion und Absatz, Klausur im Rahmen der wirtschaftswissenschaftlichen Diplom-Vorprüfung / Diplomprüfung

Sie sollten beim Lesen schnell erkennen, dass der Text lediglich als ein Aufhänger dient, in dem aber keine relevanten Informationen enthalten sind, die für die Bearbeitung der Aufgabe notwendig wären. Gefragt ist vielmehr nach Ihrer Meinung. Es wird hier vorausgesetzt, dass die Kernherausforderungen nicht nur genannt (Operator: nennen), sondern auch erläutert werden. Darüber hinaus sollten Sie auch Argumente anführen, die Ihre Meinung stützen. Ob Sie sich damit auf Stufe 2 oder 3 bewegen, hängt auch davon ab, ob und in welcher Tiefe das Thema in der Lehrveranstaltung behandelt wurde.

Operatorenliste Stufe 2

Die Liste enthält z. T. mehrere, inhaltlich voneinander abweichende Erläuterungen, weil je nach Aufgabenstellung die Anforderungen anders akzentuiert sind oder die Fächer auch ein eigenes Verständnis entwickelt haben.

analysieren	Materialien oder Sachverhalte anhand von Kriterien bzw. geleitet von von vorgegebenen oder selbst ermittelten Aspekten erschließen Zerlegen eines Textganzen in Einzelheiten des Inhalts und der Form strukturierendes, systematisches Erschließen und Darstellen der einzelnen Textaspekte bzw. Textelemente für sich und in ihrer Wechselbeziehung bei literarischen Texten Grundlage des Interpretierens
anwenden	Theorien, Modelle oder Regeln mit konkretem Fall, konkreter Situation usw. in Bezug bringen
begründen	Aussagen (Urteil, These, Wertung) durch Argumente nachweisend stützen Positionen, Auffassungen, Urteile usw. kausal bestimmen, argumentativ herleiten und stützen
charakterisieren	Sachverhalte in ihren Eigenarten beschreiben und diese unter einem bestimmten Gesichtspunkt zusammenfassen Sachverhalte, Vorgänge, Personen usw. in ihren spezifischen Eigenheiten pointiert darstellen / etwas unter leitenden Gesichtspunkten darstellen / gewichtend Wesentliches hervorheben zunächst den allgemeinen Sachzusammenhang beschreiben, auf den sich die Fragestellung bezieht, anschließend den Sachverhalt individuell gewichten und auf Schwerpunkte detaillierter eingehen, dabei Aussagen zur Gewichtung einzelner Aspekte deutlich machen

einordnen	einen oder mehrere Sachverhalte in einen Zusammenhang stellen einfache Zusammenhänge verdeutlichen Einzelnes, z. B. Textauszüge, aspekt- und kriterienorientiert in einen Gesamtzusammenhang stellen
erarbeiten	aus Materialien bestimmte Sachverhalte erschließen, die nicht explizit genannt sind, und Zusammenhänge daraus herstellen, erforschen
erklären	Sachverhalte durch Wissen und Einsichten in einen Zusammenhang (Theorie, Modell, Regel, Gesetz, Funktionszusammenhang) einordnen und begründen Darstellung des Lerngegenstands in seinem Zusammenhang etwas kausal schlussfolgernd herleiten
erläutern	Sachverhalte durch Wissen und Einsichten in einen Zusammenhang (Theorie, Modell, Regel, Gesetz, Funktionszusammenhang) einordnen und begründen **und** durch zusätzliche Informationen und Beispiele verdeutlichen
erschließen	an Texten, Problemstellungen, Textaussagen, Sachverhalten kriterienorientiert bzw. aspektorientiert arbeiten
erstellen	einen Zusammenhang oder eine Lösung anhand des vorliegenden Materials finden
gegenüberstellen	Sachverhalte, Probleme oder Aussagen in ihrer Unterschiedlichkeit erkennen und zutreffend formulieren und diese argumentierend gewichten Informationen / Sachverhalte nach einem Kriterium beschreibend in zwei Spalten ordnen
gliedern	Informationen in eine logische Ordnung bringen ein vorgegebenes Ganzes unter bestimmten Aspekten strukturieren und systematisierend in gleichordnender und / oder hierarchischer Form in seinen Teilen darstellen

herausarbeiten	aus Materialien nicht explizit genannte Sachverhalte herausfinden und Zusammenhänge zwischen ihnen herstellen Alternative: Strukturen, Leitgedanken, Strategien usw. ggf. unter bestimmten Aspekten, aus einem Textganzen herauslösen und in textbezogener Vorgehensweise akzentuiert, auf Wesentliches konzentriert herausheben
in Beziehung setzen	Analyseergebnisse, Textaussagen, Sachverhalte, Problemstellungen mit vorgegebenen oder selbst gewählten Aspekten in Verbindung bringen
kennzeichnen	einen Sachverhalt auf der Basis bestimmter Kriterien begründet charakterisieren
klären	Verhaltensweisen, Positionen, Situationen usw. differenziert betrachten, ergründen, verdeutlichen, ggf. Lösungen erarbeiten
nachweisen	Aussagen (Urteil, These, Wertung) durch Argumente nachweisend stützen
übertragen	Bekanntes/Vorgegebenes auf ein anderes Beispiel anwenden einen bekannten Sachverhalt auf eine neue Problemstellung beziehen
untersuchen	Materialien oder Sachverhalte kriterienorientiert bzw. aspektgeleitet erschließen (vgl. analysieren) Zerlegen eines Textganzen in Einzelheiten des Inhalts und der Form strukturierendes, systematisches Erschließen und Darstellen der einzelnen Textaspekte bzw. Textelemente für sich und in ihrer Wechselbeziehung bei literarischen Texten Grundlage des Interpretierens

vergleichen	Erfassen und Gegenüberstellen von Gemeinsamkeiten und Unterschieden nach Vergleichskriterien und Ableiten von Schlussfolgerungen zunächst die Eigenschaften der beiden zu vergleichenden Gegebenheiten darstellen (Voraussetzung, da Vergleich mindestens zwei verschiedene Sachverhalte erfordert), als Gegenüberstellung oder nacheinander möglich; Ziel: Unterschiede und Gemeinsamkeiten verdeutlichen Texte, Textaussagen, Problemstellungen, Sachverhalte unter vorgegebenen oder selbst gewählten Aspekten auf der Grundlage von Kriterien gegenüberstellen, in Beziehung setzen und analysieren, um Gemeinsamkeiten, Unterschiede, Teil-Identitäten, Ähnlichkeiten, Abweichungen oder Gegensätze ermitteln zu können
widerlegen	Argumente dafür anführen, dass eine Behauptung zu Unrecht aufgestellt wird
zuordnen	einen oder mehrere Sachverhalte in einen Zusammenhang stellen einfache Zusammenhänge verdeutlichen einem Sachverhalt auf der Basis festgestellter Merkmale eine bestimmte Position in einem Ordnungsraster zuweisen

Weitere:

anordnen	entnehmen	organisieren
aufdecken	entwickeln	planen
auffinden	erkunden	praktizieren
aufstellen	ermitteln	prüfen
aufzeigen	erörtern	quantifizieren
ausmachen	erproben	schlussfolgern
auswählen	experimentieren mit	sortieren

beobachten	folgern	strukturieren
benutzen	herausfinden	testen
berechnen	hinterfragen	überprüfen
berichten	identifizieren	umsetzen
beschreiben	interpretieren	unterscheiden
bestimmen	klassifizieren	verallgemeinern
bilden	konfigurieren	verdeutlichen
diagnostizieren	konstruieren	vereinfachen
demonstrieren	lösen	Vermutungen formulieren
diskutieren	modellieren	voraussagen
durchführen	mustern	zergliedern
einteilen	nutzen	Zusammenhänge erkennen
entdecken	ordnen	

Mögliche Probleme

Als eine von mehreren Aufgaben bekommen Sie folgende Arbeitsanweisung:

> Charakterisieren Sie kurz die Stufe des rezeptiven Denkens bei Belenky u. a.
>
> *Aus: Klausur zur Vorlesung »Entwicklung und Sozialisation«*

SCHWIERIGKEITEN, VOR DENEN SIE IN DER KLAUSUR STEHEN KÖNNEN

- Sie vergeuden Ihre Zeit damit sich zu überlegen, was unter »charakterisieren« zu verstehen ist (s. o.). Was ist z. B. der Unterschied zum »Beschreiben«?
- Sie lesen die Aufgabe nicht genau und schreiben, weil Sie viel hierzu wissen, einen langen Text. Die Zeit fehlt Ihnen dann für andere Aufgaben.
- Sie wissen nicht, womit Sie anfangen können.

HINWEISE FÜR DIE STUDIERPHASE

- Viel wichtiger noch als bei Stufe 1 ist die Bearbeitung von Übungsaufgaben. Durch diese lernen Sie nicht nur die Inhalte auswendig, sondern mit ihnen zu arbeiten.
- Achten Sie darauf, welche Inhalte Sie nicht beherrschen. Machen Sie eine Fehleranalyse, wenn Sie Übungsaufgaben bearbeitet haben und stellen Sie Ihr Lernverhalten darauf ein.
- Achten Sie auf die Begrifflichkeit, die die Lehrperson bei Übungsaufgaben verwendet (Operatoren) und was sie unter ihnen versteht.

HINWEISE FÜR DIE LERNPHASE

- Simulieren Sie die Prüfungssituation, am besten in einer Gruppe. Nehmen Sie dazu alte Prüfungsaufgaben und setzen Sie sich den Zeitrahmen der Klausur.
- Gehen Sie noch einmal die Übungsaufgaben durch. Denken Sie auch daran, dass Sie ein sicheres Gespür für die Textformen brauchen.

3.4 Stufe 3: Probleme bearbeiten / reflektieren / Problemlösung darstellen und beurteilen

Aufbauend auf den Stufen 1 und 2 geht es auf der höchsten Stufe (in sechsstufigen Taxonomien auf den Stufen 5 und 6) darum,

- einen Sachverhalt umfassend und systematisch zu untersuchen, die dazu erforderlichen Kriterien selbst zu bilden oder herauszufinden,
- gegebene oder gelernte Informationen so miteinander zu verbinden, dass ein neuartiges Ganzes entsteht, dabei u.a. auch Lösungswege vorzuschlagen, Schemata zu entwerfen, Hypothesen zu entwickeln,
- Sachverhalte nach Kriterien zu bewerten, die durchaus auch selbst ermittelt werden müssen, auf dieser Grundlage auch abschließende Urteile zu bilden, wobei auch Alternativen gegeneinander abgewogen werden müssen,
- eine eigene Meinung darzustellen und zu verteidigen, zur Stützung Informationen zu beurteilen oder zu bewerten,
- die Qualität einer Arbeit auf der Grundlage eines Kriterienkatalogs zu beurteilen.

Beispiel 1

Bewerten Sie die Flächennutzungstendenzen in der Bucht von Tokio seit Beginn der 1990er-Jahre.

Aus: Klausur in Geographie

Beispiel 2

Nehmen Sie zur antiautoritären Erziehung Stellung.

Aus: Klausur in Pädagogik

Eine Meinung darzustellen und zu verteidigen, indem Informationen oder die Qualität einer Arbeit beurteilt wird, gehört auf diese Stufe. Es kann sein, dass Sie dazu erst noch einen Kriterienkatalog entwickeln müssen. Bei der ersten Aufgabe etwa müssen Sie

- die Fakten sammeln und darlegen (Stufe 1),
- Kriterien für eine Bewertung bereit haben oder sie entwickeln (Stufe 1 oder 3),
- eine Beurteilung der Fakten mit Hilfe der Kriterien vornehmen (Stufe 3),
- die Bewertung erläutern (Stufe 2),
- die Aufgabe systematisch bearbeiten, eventuell nach einem fachüblichen Verfahren (Bearbeitungsverfahren),
- einen Text schreiben, der in seinen Abschnitten die einzelnen Arbeitsschritte bzw. Denkschritte widerspiegelt.

Höchste Ansprüche gelten, wenn das Kombinieren von Ideen zu einem neuen Ganzen verlangt wird. Dabei sollen Lösungswege vorgeschlagen, Schemata entworfen, Hypothesen entwickelt werden.

Beispiel 3

Entwickeln Sie eine begründete Prognose der zukünftigen SO_x- und CO_2-Emissionen für Polen.

Aus: Klausur zur Vorlesung und Übung »Klimatologie«

MÖGLICHE PROBLEME

- Bei der Komplexität der Anforderungen z. B. der letztgenannten Aufgabe kann es sein, dass Sie nicht alle zu bearbeitenden Aspekte in den Blick bekommen.
- Sie finden beim Schreiben keinen Anfang (Schreibhemmung bzw. -blockade). Die Ursache kann darin liegen, dass Sie keinen Schreibplan vor Augen haben. Es besteht dadurch die Gefahr, dass Sie Ihren Text ungeordnet schreiben und dadurch die inhaltlichen Zusammenhänge nicht deutlich werden.

HINWEIS FÜR DAS STUDIERVERHALTEN

- Aufgrund der Vielzahl möglicher Anforderungen (s. Operatorenliste) ist es wichtig sich zu erkundigen, wo die Lehrperson die Schwerpunkte setzt. Richten Sie danach Ihr Studierverhalten aus.

HINWEISE FÜR DAS LERNVERHALTEN

- Noch stärker als bei den anderen Stufen ist es hier sinnvoll, sich mit dem Schreiben selbst auseinanderzusetzen, vor allem mit Textgliederungen (s. Kap. 5.2.2).
- Simulationen erfordern zudem einen Korrekturdurchgang, der von außen erfolgen sollte (z. B. andere Studierende).
- Erkundigen Sie sich nach den Bewertungskriterien und diskutieren Sie diese im Hinblick auf Ihre Texte, die Sie schreiben müssen.

HINWEIS FÜR DAS SCHREIBVERHALTEN

- Tipps für Ihr Schreibverhalten finden Sie in Kapitel 9.

Operatorenliste Stufe 3

Zu den Textformen, die mit den Operatoren verbunden sind, gibt es einige Hinweise in Kapitel 5.

ableiten	auf der Grundlage vorhandener Ergebnisse eigene Schlussfolgerungen ziehen

analysieren	an Material und Informationen gezielte Fragen stellen, diese beantworten und die Antworten begründen
(sich) auseinandersetzen	zu einer Problemstellung oder These eine Argumentation entwickeln, die zu einer begründeten Bewertung führt
begründen	in zusammenhängender Darstellung komplexe Grundgedanken argumentativ entwickeln (auch unter Verwendung von Material), entscheidend ist der schlüssige, folgerichtige Gedankengang ein Analyseergebnis, Urteil, eine Einschätzung, eine Wertung fachlich und sachlich absichern (durch einen entsprechenden Beleg, Beispiele, eine Argumentation)
beurteilen	Hypothesen oder Behauptungen im Zusammenhang prüfen und eine Aussage über deren Richtigkeit, Angemessenheit usw. machen Alternative: Den Stellenwert von Sachverhalten in einem Zusammenhang bestimmen, um ohne persönlichen Wertebezug zu einem begründeten Sachurteil zu gelangen
bewerten	fordert über eine Beurteilung hinaus einen Wertebezug anhand von akzeptierten Kriterien fachlich abgesichert die eigene Meinung äußern als Voraussetzung für die Meinungsbildung den Sachverhalt gründlich bearbeiten, dazu eigene fachliche Wissensbausteine einbringen, Bezug auf die vorhandenen Materialien nehmen und ähnlich geartete Beispiele aufführen. Die Bearbeitung in drei Schritte unterteilen: 1. Bearbeitung des Sachverhalts 2. Eigene Meinung 3. Fachliche Begründung der eigenen Meinung anhand von Beispielen
diskutieren	zu einer vorgegebenen Problemstellung eigene Gedanken entwickeln und zu einem ausgewogenen Sachurteil führen, dabei verschiedene Standpunkte aufführen und begründen (Argumente, Beispiele) Alternative: zu einer Problemstellung oder These eine Argumentation entwickeln, die zu einer begründeten Bewertung führt

entwerfen	zu einem Text nach vorhergehender Analyse unter vorgegebenen oder selbst gewählten Aspekten ein Konzept in wesentlichen Zügen oder eine eigene Gestaltung ohne anschließende Erläuterung anfertigen
entwickeln	gewonnene Analyseergebnisse zusammenführen, um zu einer eigenen Deutung zu gelangen problemorientierter Operator; das in der Aufgabe gestellte Problem auf seine Ursachen hin untersuchen, einen Lösungsvorschlag, eine Einschätzung oder eine konkrete Maßnahme entwickeln; Entwicklung zuerst durch gründliche Darstellung des Problems aufzeigen; Ergebnis auf der Basis der eigenen Kenntnisse entwickeln; Voraussetzung dabei: die Problematik durch eine Beschreibung und Analyse richtig erfassen
erörtern	zu einer vorgegebenen Problemstellung eigene Gedanken entwickeln und zu einem ausgewogenen Sachurteil führen, dabei verschiedene Standpunkte aufführen und begründen (Argumente, Beispiele) sich mit einem Thema kritisch, differenziert und argumentativ befassen in schlussfolgernder Absicht das Für und Wider unter Berücksichtigung unterschiedlicher Perspektiven ein begründetes Urteil fällen / lineare oder dialektische Grundstruktur (Pro-Kontra-Argumentation) Operatoren des Erörterns: sich auseinandersetzen, Stellung nehmen, diskutieren, kommentieren, (über-)prüfen, (be-) werten, (be-)urteilen
gestalten	nach konkreter Arbeitsanweisung auf der Grundlage eines Textes und seiner inhaltlichen oder stilistischen Elemente eine kreative Idee in ein selbstständiges Produkt umsetzen

interpretieren	auf der Grundlage methodisch reflektierter und angemessener Auswertung von textimmanenten und ggf. textexternen Elementen und Strukturen die Gesamtdeutung eines Textes selbstständig erarbeiten und ein komplexes Textverständnis nachvollziehbar darbieten / unter Berücksichtigung des Funktionszusammenhangs von Form, Inhalt auf der einen und den Intentionen von Verfasser bzw. Text: Erfassen und Beschreiben der wesentlichen strukturbildenden Textsortenmerkmale, der gattungs- und / oder genretypischen Elemente von Satzbau (syntaktisch), Wortwahl und Wortbedeutung (semantisch), von Stil und rhetorischen Mitteln
kommentieren	einen Sachverhalt kritisch erläutern und bewerten
prüfen	vorgegebene These oder Hypothese / Erklärung an Fakten oder innerer Logik messen, Widersprüche erkennen Alternative: Aussagen an Sachverhalten auf ihre Angemessenheit hin untersuchen
(kritisch) Stellung nehmen	fordert über eine Beurteilung hinaus einen Wertebezug anhand von akzeptierten Kriterien fachlich abgesichert die eigene Meinung äußern; als Voraussetzung für die Meinungsbildung den Sachverhalt gründlich bearbeiten, dazu eigene fachliche Wissensbausteine einbringen, Bezug auf die vorhandenen Materialien nehmen und ähnlich geartete Beispiele aufführen. Die Bearbeitung in drei Schritte unterteilen: 1. Bearbeitung des Sachverhalts 2. Eigene Meinung 3. Fachliche Begründung der eigenen Meinung anhand von Beispielen

überprüfen	vorgegebene These oder Hypothese / Erklärung an Fakten oder innerer Logik messen, Widersprüche erkennen, Ergebnis festhalten Alternative: Aussagen an Sachverhalten auf ihre Angemessenheit hin untersuchen
untersuchen	an Material und Informationen gezielte Fragen stellen, diese beantworten und die Antworten begründen
vergleichen	auf der Grundlage von Kriterien Sachverhalte problembezogen gegenüberstellen, um Gemeinsamkeiten, Unterschiede, Abweichungen oder Gegensätze zu beurteilen

Weitere:

abschätzen	erstellen	organisieren
abstimmen	erzeugen	planen
abwägen	evaluieren	Problem lösen
adaptieren	folgern	produzieren
ändern	generieren	Schlüsse ziehen
auslegen	gewichten	sich vorstellen
auswerten	herstellen	tabellieren
begutachten	hinterfragen	testen
berechnen	Hypothesen bilden	Theorie aufstellen
beweisen	integrieren	Theorie entwerfen
bilden	klassifizieren	unterscheiden
deute	kombinieren	Urteil bilden
durchführen	konstruieren	urteilen
durchschauen	konzipieren	verallgemeinern
einordnen	koordinieren	verteidigen

einschätzen	kreieren	vorschlagen
einstufen	kritisieren	wählen
empfehlen	lehren	werten
entdecken	Lösungen vorschlagen	widerlegen
entscheiden	lösen	zuordnen
erklären	meinen	zusammenfügen
ermessen	modifizieren	zusammensetzen
ermitteln	ordnen	zusammenstellen

Übergeordnete Operatoren für die Stufen 1 bis 3

Diese Operatoren treten in Prüfungsaufgaben auf, die eine Bearbeitung auf allen drei Anforderungsbereichen erfordern können.

interpretieren	die Deutung von Texten und Darstellungen; setzt aber auch Wissen voraus und fordert seine Anwendung Sinnzusammenhänge aus Quellen erschließen und eine begründete Stellungnahme abgeben, die auf einer Analyse, Erläuterung und Bewertung beruht
erörtern	die dialogische Gegenüberstellung von Standpunkten, Meinungen zielt auf die Entwicklung eines eigenständigen, durch Fakten und Logik begründeten Standpunkts; setzt aber auch Wissen voraus und fordert seine Anwendung eine These oder Problemstellung durch eine Kette von Für-und-wider- bzw. Sowohl-als-auch-Argumenten bedeutet konkret: auf ihren Wert und Stichhaltigkeit hin abwägend prüfen und auf dieser Grundlage eine eigene Stellungnahme dazu entwickeln die Erörterung z. B. einer historischen Darstellung setzt deren Analyse voraus

darstellen	die erläuternde Widergabe von Fakten, Zusammenhängen, vielleicht auch Wertungen Entwicklungszusammenhänge und Zustände mithilfe von Quellenkenntnissen und Deutungen beschreiben, erklären und beurteilen

3.5 Anforderungsbereiche im Studienverlauf

Studienphasen

In den Modulen von Bachelorstudiengängen findet sich eine Vielzahl von schriftlichen Prüfungsformen, die sich je nach Fach unterscheiden können:

- Referat
- Klausur
- Hausarbeit
- schriftliche Übung
- Essay
- Hörprotokoll
- Übersetzung
- Erzählung
- Dokumentation
- Portfolio
- Arbeitsjournal
- Protokoll
- Test, Testat
- Präsentation von Lösungen
- Kolloquium
- Hausübungen
- Lerntagebuch
- Bericht
- Fallanalyse
- Gutachten
- ...

Überwiegend werden im BA-Studium aber Klausuren geschrieben.

In dieser Studienphase bewegen sich die kognitiven Anforderungen hauptsächlich auf den Stufen 1 und 2, während Anforderungen auf dem Niveau Stufe 3 eher in schriftlichen Hausarbeiten oder in mündlichen Prüfungen verlangt werden.

Typen von Lehrveranstaltungen

Klausuren werden in allen Typen von Lehrveranstaltungen geschrieben, gerade auch in Vorlesungen. Sie sind angesichts der hohen Teilnehmerzahl und des damit entstehenden Prüfungsaufwandes für die Lehrpersonen eine ökonomische Form der Wissensüberprüfung. In Seminaren, Tutorien oder Praktika gibt es hingegen neben Klausuren auch häufiger Tests, Hausübungen, Protokolle oder mündliche Prüfungen. Beide Aussagen sind als Tendenzangaben zu verstehen.

Da **Vorlesungen** im BA-Studium häufig der reinen Wissensvermittlung dienen, bewegen sich die kognitiven Anforderungen in den Klausuren in der Regel auf der Stufe 1: Wissen wiedergeben / reproduzieren. Als Klausurtyp ist durchaus auch eine MC-Prüfung üblich, selbst in den Geistes- und Sozialwissenschaften.

In **Seminaren oder Tutorien** werden häufiger Übungen durchgeführt, die dann auch die Aufgabenstellungen in den Klausuren beeinflussen. Hier kommt es eher zu anwendungsorientierten Aufgaben (Stufe 2, Wissen darstellen und anwenden / Zusammenhänge darstellen / Reorganisation / Transfer von Wissen), allerdings handelt es sich auch hier nur um Tendenzangaben. Letzten Endes muss sich jede Studierende vergewissern, welche Anforderungen von ihr verlangt werden.

4 Prüfungsgegenstand

4.1 Das Thema und deren inhaltliche Aspekte ermitteln

Der erste Schritt bei der Bearbeitung einer Klausuraufgabe besteht darin, die Frage- oder Aufgabenstellung zu analysieren. Zunächst werden Sie das Thema identifizieren und die Inhalte ermitteln, die zu dem angegebenen Thema geprüft werden.

Bei der Ermittlung des **Themas** fragen Sie sich: Was ist der Hauptgegenstand der Aufgabe?

Die Frage nach den **Inhalten** lautet: Auf welche Aspekte des Gegenstands bezieht sich die Aufgabe?

Beispiel 1

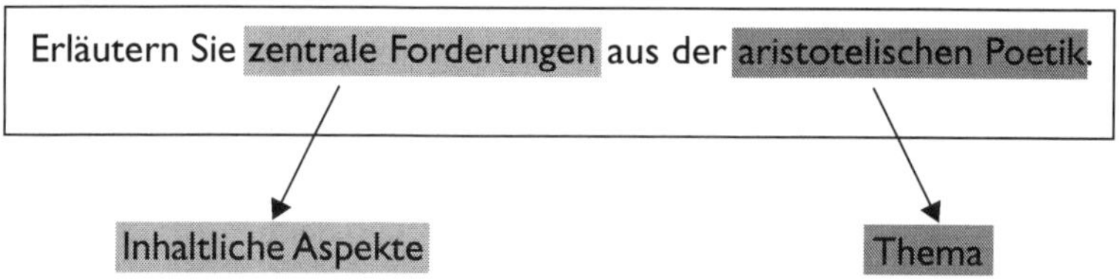

Aus: Übungsfragen zur Klausur »Einführung in die Literaturwissenschaft«

Der Hauptgegenstand der Prüfung ist die aristotelische Poetik, deren zentrale Forderungen Sie kennen und erläutern sollen.

Beispiel 2

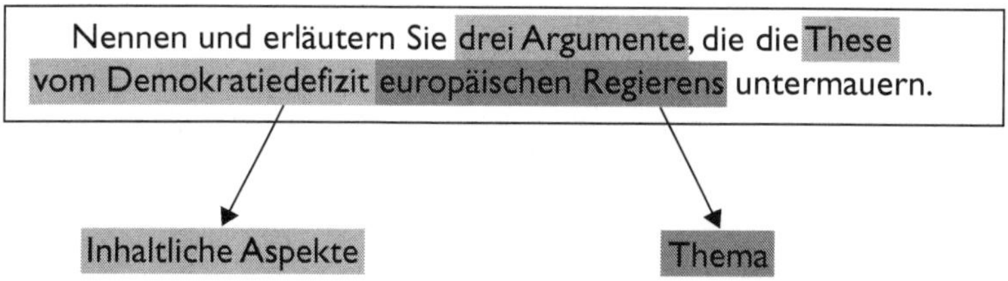

Aus: Politikwissenschaften, Abschlussklausur zum Kurs »Europäische Integration«

Häufig sind die Inhalte im Operator enthalten, z. B. bei der Aufgabenstellung: *Erläutern Sie Foucaults Diskurstheorie.* Zur deutlichen Trennung von Thema und inhaltlichen Aspekten könnte man die Aufgabe auch folgendermaßen formulieren: *Schreiben Sie eine Erläuterung zu Foucaults Diskurstheorie.* Foucaults Diskurstheorie ist das Thema, die Erläuterung der inhaltliche Aspekt.

Die Unterscheidung zwischen Thema und Inhalt zu treffen ist sinnvoll, weil Sie dadurch eine Übersicht über Ihre Lerngegenstände und Lerninhalte erstellen können. Für die Veranstaltung *Einführung in die Literaturwissenschaft* könnten Thema und Inhalte folgendermaßen aufgelistet werden:

Themen	**Inhaltliche Aspekte**
Romangattungen	Spanien, 16. / 17. Jahrhundert
Zorrillas *Don Juan*	zeitliche Einordnung Zorrillas, Unterschied zu Tirso de Molina
Foucaults Diskurstheorie	Erläuterungen
	Ansätze der Kritik
…	…

Haben Sie das Thema und die Inhalte ermittelt, stellt sich die Frage, wie die Inhalte bearbeitet werden sollen. Dies erfahren Sie u. a. durch den Operator (s. Kapitel 3). Im Beispiel oben sollen Sie die Argumente nennen und erläutern, nicht aber zuordnen (z. B. einer Geistesrichtung).

HINWEIS ZUR VORBEREITUNG

- Üben Sie das Erkennen von Themen und deren inhaltlichen Aspekten. So können Sie vermeiden, in Ihrer Bearbeitung das Thema der Aufgabe zu verfehlen.

4.2 Prüfungsthemen sammeln

Eine wichtige Aufgabe in der Prüfungsvorbereitung besteht darin zu ermitteln, welche Themen der Lehrveranstaltung prüfungsrelevant sind. Zunächst einmal bedienen Sie sich dabei der Materialien, die zur Verfügung gestellt oder die zur Lektüre angeraten oder empfohlen wurden:

- Skript oder Reader zur Übung / Vorlesung,
- ins Netz gestellte Materialien zu den Inhalten,
- Mitschriften aus vergangenen Semestern,
- ein zugrunde liegendes Lehrbuch,
- weiterführende Literatur,
- Handouts,
- Hinweise der Lehrperson zu inhaltlichen Schwerpunkten, Basiswissen, methodischem Wissen usw., häufig auf der Homepage der Lehrperson,
- Handapparat.

Anschließend versuchen Sie zu ermitteln, welche Inhalte, die in diesen Materialien behandelt werden, in der Prüfung vorkommen können. Dazu bedienen Sie sich aller Prüfungsquellen, die Sie auftreiben können:

- Sammlung von Übungsaufgaben,
- alte Klausuren,
- Probeklausuren,
- Fragenkataloge,
- Musterlösungen,
- Internetforum des Lehrstuhls,
- Webseiten von Studierenden und Fachschaften.

Bei allen Quellen stellt sich immer auch die Frage der Zuverlässigkeit.

Haben Sie sich eine Liste von Themen und inhaltlichen Aspekten angelegt wie oben beschreiben, so können Sie bei jedem Thema nun auch die Quellen hinzufügen, aus denen Sie lernen möchten.

4.3 Prüfungsinhalte ermitteln

Die Inhalte eines Themas verzweigen sich wie ein Strukturbaum in immer feinere Details. Für Sie stellt sich beim Lernen die Frage, ob Sie sich nur mit dem Stamm, den Ästen, den Zweigen oder mit noch feineren Verästelungen beschäftigen müssen. Für die Lernökonomie ist das von großer Bedeutung, denn es besteht die Gefahr, dass Sie sich unnötig in den Details verlieren.

Es gibt verschiedene Möglichkeiten herauszufinden, wie spezifisch Ihr Wissen über ein Thema sein muss. Einige Beispiele:

Lehrbuch

Haben Sie ein Lehrbuch, können Sie anhand des Inhaltsverzeichnisses verfolgen, bis in welche Unterpunkte die Lehrperson das Thema behandelt.

Strukturplan

Visualisieren Sie die Seminarinhalte etwa durch ein Flussdiagramm. Wenn Sie übungshalber mit Hilfe dieser Strukturskizze die Inhalte in Ihren Zusammenhängen darstellen, werden Sie an den Stellen stocken, an denen Ihnen Wissen oder Verständnis fehlt. Fragen Sie sich dabei, bis in welche inhaltliche Tiefe Ihre Skizze reichen muss.

Lerngruppe

Im Gespräch mit anderen Studierenden können Sie diskutieren, wie detailliert Sie lernen sollten.

PROBLEME, DIE BEIM LERNEN AUFTRETEN KÖNNEN:

- Sie legen die Aufgabenstellung falsch aus.
- Sie weichen in einen verwandten Gegenstand aus und verfehlen das Thema.
- Sie verfügen zwar über das verlangte Wissen, beherrschen aber die Begrifflichkeit nicht und müssen deshalb mit Umschreibungen arbeiten.
- Sie haben sich auf ein anderes Thema vorbereitet.
- Sie sind aufgeregt und können das Gelernte nicht abrufen.
- Sie haben das Wissen, können es aber nicht zueinander in Beziehung setzen, auf neue Gegebenheiten anwenden, bewerten, usw.
- Sie haben das geforderte Wissen, können es aber nicht in einer angemessenen Textform darstellen.

Schwieriger wird es etwa beim folgenden Beispiel, das Thema entsprechend der Aufgabenstellung in allen seinen Aspekten zu bearbeiten:

Teilpläne in Unternehmen können sequenziell oder simultan erstellt werden. Erläutern Sie in wenigen Sätzen den wesentlichen Unterschied und begründen Sie die Bedeutung von Interdependenzen für die Wahl des Verfahrens.

Aus: Einführung in die BWL

Bei dieser komplexen Aufgabenstellung wird zunächst ein Satz vorangestellt, auf den sich die Aufgabe bezieht. In diesem Satz geht es um das zu bearbeitende **Thema**, nämlich um sequenziell oder simultan erstellte Teilpläne in Unternehmen. **Inhaltlich** soll man sich in zweierlei Weise auf das Thema beziehen:

1. Zunächst sollen Unterschiede beider Verfahren erläutert werden, was eine vorhergehende Darstellung impliziert.
2. Es soll eine Begründung dafür gegeben werden, inwiefern Interdependenzen bedeutsam für die Wahl des Verfahrens sind.

Eine Analyse der Aufgabenstellung, wie sie hier vorgestellt wurde, hat folgende Vorteile:

- Sie bekommen das Thema explizit in den Blick.
- Sie verdeutlichen sich die für die Bearbeitung der Aufgabe relevanten Inhalte.
- Sie machen sich Gedanken darüber, wie Sie mit den Inhalten arbeiten sollen (nennen, darstellen, erläutern usw.).
- Aus der Aufgabenanalyse ergibt sich problemlos eine Textgliederung.

Gerade die Textgliederung ist für eine strukturierte Darstellung wichtig. Hinweise zu Textformen finden Sie in Kapitel 5.

5 Textformen

5.1 Die Vielgestaltigkeit der Textformen

In Klausuren müssen Texte geschrieben werden, die unterschiedliche Formen aufweisen. Sie reichen von Kurzantworten bis zu langen, vielfach untergliederten Texten, deren Sinnabschnitte und Darstellungsform sich aus der Aufgabenstellung, aber auch aus Konventionen von Textformen in den Fächern ergeben.

Die besonderen Merkmale von Klausurtexten sind bisher nicht übersichtlich dargestellt worden. Auch in diesem Kapitel kann dies nicht geschehen.[6] Die Zielsetzung hier ist vielmehr rein pragmatisch, nämlich durch eine Analyse der Anforderungen und durch praktische Tipps in der Prüfungssituation behilflich zu sein.

Anders als z. B. bei

- einem Bericht,
- einem Protokoll,
- einer Seminararbeit oder
- einem Essay

zeichnen sich Klausurtexte durch ihre unterschiedliche Textorganisation aus. Und genau darin liegt das Problem ihrer Beschreibung:

Es gibt keine standardisierte Textform »Klausur«.

Methodisch wird deshalb folgendes Vorgehen empfohlen: In einem ersten Schritt wird eine Aufgabenstellung analysiert (s. Kapitel 2 und 3), um in einem zweiten Schritt daraus sinnvolle Textbaupläne herleiten zu können.

6 Dazu müsste eine Textsortenspezifik entwickelt und die Vielzahl von Textsorten, die in einer Klausur vorkommen können, untersucht werden.

5.2 Beschreibung von Textformen

5.2.1 Textformen auf Stufe 1

Beispiel: (be-)nennen

Benennen Sie die wesentlichen rhetorischen Mittel in der nachfolgenden Rede.

Welche Textform halten Sie bei einer derartigen Aufgabenstellung für angebracht? Betrachten Sie dazu zwei textliche Alternativen:

Alternative 1
Rhetorische Frage,
Zeilen 6 und 25
Metonymie, Zeile 17
Ironie, Zeile 33
Oxymoron, Zeile 41

Alternative 2
In den Zeilen 6 und 25 benutzt der Redner rhetorische Fragen. Mit der ersten rhetorischen Frage möchte er erreichen, den Hörer in die gewünschte Richtung zu lenken. Anders verhält es sich mit der zweiten rhetorischen Frage in Zeile 25. …

Für beide Alternativen werden Sie die gleiche Punktzahl erhalten, denn indem die Lehrperson den Operator *benennen* benutzt, macht sie deutlich, dass es ihr nur um die *Benennung von Begriffen* geht. Sie brauchen somit keine Sätze zu schreiben, sondern können sich mit einer **Auflistung** der Bezeichnungen begnügen. Sie müssen keine logischen oder kausalen Zusammenhänge herstellen und auch keine Auslegung oder Bewertung vornehmen. Nicht gefordert ist auch anzugeben, welche Wirkung der Redner mit diesen Mitteln erzielen möchte, ob die rhetorischen Mittel angemessen sind usw. Das Verb »benennen« fordert bei dieser Prüfungsaufgabe somit lediglich

- eine **Reproduktion** Ihrer Kenntnis rhetorischer Mittel (Stufe 1 kognitiver Anforderungsbereich);
- deren **Identifikation** im Text (Bearbeitungsverfahren);
- eine **Auflistung** der Begriffe (Textform).

Beispiel mit einer Beurteilung der Lehrperson

Im Folgenden wird ein Beispiel vorgestellt, in dem die Aufgabenstellung, der Text der Studierenden und ein Kommentar der Lehrperson enthalten sind:

Nenne 5 zentrale Aspekte/Dimensionen (nach Füssenhäuser/Thiersch), die innerhalb der Theorie(n) der sozialen Arbeit bearbeitet werden (sollen) und erläutere kurz, worum es dabei im Einzelnen geht! (5P)

Text der Studierenden (nicht korrigiert)

- wissenschaftlich → Teildisziplinen, Forschung, Disziplin
- Klientenbestimmung → wer ist Klient, welche Probleme
- Werte und Normen, ethische Fragen → wie weit darf die Soz. Arbeit in das Fam.leben eingreifen. Was ist die »richtige« Erziehung
- Handlungsbestimmung → wie sieht die Arbeitsweise aus, Kompetenzen, Handlungsfeld
- sozialer und gesellschaftlicher Kontext/Position → wie tritt die Soziale Arbeit auf? Welche Probleme können sich aufgrund gesellschaftl. Veränderungen ergeben / evtl. auch verändern

Lehrperson
4/5
Bei drei Aspekten sind die Erläuterungen (für die es je ½ Pkt. gibt) etwas unvollständig, deswegen der eine Punkt Abzug. Sehr gut finde ich die Wiedergabe mit eigenen Worten statt stumpfem Auswendiggelernten ... und die ›Übersetzung‹ in Beispielhaftes.

Aus: Sozialpädagogik, Tutorium I

In der Aufgabenstellung werden von der Studierenden nur Stichworte oder Phrasen verlangt. Sie allein reichen der Lehrperson als Lernerfolgskontrolle. Eher ungewöhnlich ist es, dass die Lehrperson einen Kommentar geschrieben hat. In der Regel notieren die Korrektoren nur die Punktzahl an der Seite, ohne ihre Entscheidung zu begründen.

Beispiel: erläutern

Erläutern Sie die Grundzüge der Postmoderne mit Beispielen aus Vazquez Montalbáns Detektivromanen.

Aus: Übungsfragen zur Klausur »Einführung in die Literaturwissenschaft«

Um die Aufgabe angemessen zu bearbeiten, empfiehlt sich folgendes Vorgehen:

- Analysieren Sie die Aufgabe,
- leiten Sie daraus einen Textbauplan ab,
- teilen Sie sich die Zeit ein.

Die Aufgabe analysieren: Was wird inhaltlich verlangt?
Nehmen wir an, diese Aufgabe ist nur eine von vielen in der Klausur und Sie haben nur wenige Minuten Zeit zur Bearbeitung.
Sie stellen fest:

- Sie sollen etwas erläutern.
- Um etwas erläutern zu können, müssen Sie zunächst etwas darstellen, auf das Sie sich mit der Erläuterung beziehen können.
- Die Erläuterung soll mit Beispielen erfolgen.

Welche Textform eignet sich bei dieser Aufgabe?
Sie verwenden zwei Textformen. Zunächst schreiben Sie eine **Darstellung**. Darin geht es für Sie darum zu zeigen, was unter der Postmoderne zu verstehen ist und welche Grundzüge diese Epoche hat. Diese Darstellung wird zwar nicht ausdrücklich gefordert, sie wird aber erwartet.

Daran schließt sich die zweite, explizit mit dem Operator angesprochene Textform an, die **Erläuterung**. Hier werden Sie zeigen, dass Sie nicht nur auswendig gelernt, sondern das Dargestellte auch verstanden haben. In der Erläuterung werden Sie die inhaltlichen Aussagen der Darstellung umschreiben, eventuell vertiefen, mit Beispielen illustrieren, abgrenzen, unterscheiden, auf Probleme hinweisen usw., je nach dem, was Ihnen wichtig erscheint.

Daraus könnte sich folgende **Textorganisation** ergeben:

Textform	Inhaltliche Elemente	
Darstellung	Was ist die Postmoderne? Was sind die Grundzüge der Postmoderne?	Überblick Details
	↕ Sprachliche Verbindung ↕	
Erläuterung	umschreiben, vertiefen, abgrenzen von anderen Epochen, usw., illustrieren mit Beispielen	

Da es sich um einen kurzen Text handelt, schreiben Sie keine Einleitung und keinen Schluss, höchstens einen einleitenden Satz.

Eine Darstellung kann in einer Aufgabe auch vorgegeben sein, etwa in Form eines Schaubildes, das Sie erläutern sollen. Dies kommt etwa in den Wirtschaftswissenschaften häufiger vor. In diesem Fall können Sie sich auf die Vorlage beziehen und müssen nur eine Erläuterung schreiben.

Man kann also festhalten:

> Ein längerer Klausurtext lässt sich am einfachsten organisieren, wenn man mehrere, an den Operatoren orientierte Textformen aneinanderreiht und sie sprachlich und inhaltlich miteinander verbindet.[7]

Die Zeiteinteilung
Nehmen wir 15 Minuten Zeit zur Bearbeitung dieser Aufgabe an. Folgendermaßen könnten Sie Ihre Zeit einteilen (s.a. Kap. 1.4):

• Analyse und Gliederung	1 min.
• Stichworte zu den Gliederungspunkten	2 min.
• Schreiben	11 min.
• Korrekturlesen	1 min.

Leitfragen beim Schreiben von mittleren und längeren Texten

Zur Struktur

- Welche inhaltlichen Aspekte hat Ihre Analyse der Aufgabenstellung ergeben?
- Welche Struktur braucht der Text dementsprechend?
- Sind die Textteile durch ihre Länge entsprechend der Aufgabenstellung gewichtet?
- Sind die Textteile sprachlich und inhaltlich aufeinander bezogen?
- Braucht der Text eine Rahmung? Sind ggf. die Einleitung und der Schluss sinnvoll aufeinander und auf den Hauptteil bezogen?
- Wird die Leserin über Ihr Vorgehen orientiert?

7 Grundsätzlich kann man die Textformen Darstellung und Erläuterung auch mischen.

Zum Inhalt

- Sind alle Aspekte der Aufgabenstellung behandelt?
- Sind diese Aspekte aufeinander bezogen?
- Sind die zentralen Begriffe geklärt?
- Welcher Differenzierungsgrad der Inhalte ist angemessen?
- Ist die Behandlung von aufgabenfremden Inhalten vermieden worden?
- Ist ein Roter Faden erkennbar?
- Gibt es eine inhaltliche Progression?

Zur Form

- Ist die Schrift leserlich?
- Ist die Gliederung auch optisch erkennbar?

Zur Sprache

- Ist der Text fachsprachlich ausgerichtet?
- Haben Sie grammatische Fehler / Rechtschreibfehler korrigiert?
- Werden Fachtermini verlangt?
- Müssen Quellen angeführt werden?
- Müssen Vertreter von Theorien namentlich erwähnt werden?

HINWEISE ZUM LERNVERHALTEN

- Genauso wie Sie die prüfungsrelevanten Inhalte der Lehrveranstaltung gelernt und dementsprechend verfügbar haben sollten, sollten Sie durch Übung eine Schreibroutine entwickeln.
- Üben Sie das Organisieren von Texten (Gliedern). Dabei können Ihnen die oben stehenden Leitfragen helfen. Diskutieren Sie mit anderen Studierenden die von Ihnen geschriebenen Texte. Beteiligen Sie sich intensiv an Übungsaufgaben.
- Üben Sie zu schreiben, etwa durch die Bearbeitung von Klausuraufgaben der vergangenen Semester.
- Beschaffen Sie sich geschriebene Klausuren, wenn möglich mit Bemerkungen der Lehrperson, und analysieren Sie den Textaufbau.

5.2.2 Textformen auf Stufe 3

Auf den Stufen 2 und 3 besteht die Notwendigkeit, Sätze auszuformulieren, da Sie komplexe Bezüge zwischen Sachverhalten herstellen müssen. Zur klaren Darstellung ist die Sprache, aber auch die formale und inhaltliche Struktur des Textes wichtig.

Beispiel: Stellung nehmen

Nehmen Sie zur antiautoritären Erziehung Stellung.

Aus: Pädagogik

Nehmen wir an, Sie haben mindestens eine Stunde Zeit, um diese Aufgabe zu bearbeiten. Mit dieser Maßgabe wird von Ihnen ein längerer, strukturierter Text erwartet.

Um die Aufgabe angemessen bearbeiten zu können, müssen Sie wissen, was unter dem Operator *Stellung nehmen* zu verstehen ist (s. a. Kapitel 3) und welche Textorganisation für eine **Stellungnahme** sinnvoll ist. Für die oben stehende Aufgabe könnte der Textbauplan folgendermaßen aussehen:

Textform	Inhaltliche Elemente	
Einleitung	Leserorientierung über Thema, Inhalte, Ziele, Aufbau	
	↕ Sprachliche Verbindung ↕	
Sachdarstellung	Antiautoritäre Erziehung	Überblick Details
	↕ Sprachliche Verbindung ↕	
Meinungs-darstellung	die eigene Meinung mit Bezug auf die Beurteilung der antiautoritären Erziehung darstellen	
	↕ Sprachliche Verbindung ↕	
Begründung	die eigene Meinung begründen anhand von Beispielen mit Bezug auf anerkannte Kriterien	
	↕ Sprachliche Verbindung ↕	
Schluss	mit Bezug auf die Einleitung die Ergebnisse zusammenfassen, Perspektive aufzeigen ...	

Das Darstellen, das Beurteilen wie auch das Begründen stellen besondere Ansprüche an Ihr Textwissen und erhöhte Ansprüche auch an den Prozess des Schreibens. Hinweise zum Schreibprozess finden Sie in Kapitel 9 (Verhalten während der Klausur).

HINWEISE ZUM LERNVERHALTEN

- Neben den oben gegebenen Tipps empfiehlt es sich bei längeren, vielfach strukturierten Texten, vor allem auf die sprachlichen Mittel zu achten, die der Leserin die Textorganisation signalisieren.
- Üben Sie, anhand von Aufgabenstellungen eine Gliederung anzufertigen, die aus derartigen Bausteinen besteht.
- Üben Sie das Schreiben häufig vorkommender Textbausteine. Entwickeln Sie eine Schreibroutine.

Weitere Hinweise zur Textform in der Aufgabenstellung

Neben den Operatoren können auch Adverbien oder sonstige Wörter einen Hinweis auf die Textform geben, die von der Lehrperson erwartet wird. Hier einige Beispiele:

- Beschreiben Sie **kurz**,
- begründen Sie **ausführlich**,
- verdeutlichen Sie mit **wenigen** Worten.

Einige Operatoren wie z. B. *benennen, skizzieren, auflisten* usw. enthalten auch schon einen Hinweis auf eine verkürzte Darstellungsweise, andere implizieren eine textliche Darstellung.

Ein Beispiel einer Aufgabe mit Hinweisen zur Textform:

> *»Erklären Sie jeweils in kurzem Text oder Stichworten:*
> *a) Welche Anforderung müssen die dispersiven Elemente in Spektrometern auf Gitterbasis generell erfüllen, um für einen bestimmten Wellenlängenbereich nutzbar zu sein? ... (3 Punkte)«*
>
> *Aus: Modulabschluss-Klausur im Fach Chemie »Moderne analytische Methoden«*

Die Fragestellung impliziert, dass zunächst das Wissen um kausale Zusammenhänge gefragt ist. Der Operator *erklären* erfordert darüber hinaus, dass Sie auch erklären, warum diese Anforderungen notwendig sind. Die textliche Gestaltung ist bei dieser Aufgabe aus den Naturwissenschaften ohne Bedeutung.

MÖGLICHE PROBLEME BEIM SCHREIBEN LÄNGERER TEXTE

- Sie schreiben zu viel / zu ausführlich und verbrauchen dadurch Prüfungszeit, ohne für die Ausformulierung entsprechend Punkte von der Lehrperson zu erhalten.
- Sie schreiben zu wenig.
- Ihr Text genügt inhaltlich oder sprachlich nicht wissenschaftlichen Ansprüchen.
- Ihr Text ist unorganisiert, die Lehrperson hat dadurch Schwierigkeiten, Ihre Leistung nachzuvollziehen und zu würdigen.

HINWEISE FÜR DAS LERNVERHALTEN

Folgende Fragen sollten Sie sich somit stellen:

- Wird von mir ein ausformulierter Text erwartet? Oder reicht es, in Stichworten zu schreiben?
- Muss der Text in einer bestimmten Form gegliedert sein?
- Werden Fachtermini verlangt, oder reicht auch eine Umschreibung von Begrifflichkeiten?
- Müssen Begründungen auf Quellen zurückgeführt werden?
- Müssen Vertreter von Theorien namentlich erwähnt werden?
- …

Eine besondere Schwierigkeit können bei der Ermittlung der Textform solche Aufgaben darstellen, die als Frage formuliert sind. Wie Fragen umformuliert und auf Operatoren zurückgeführt werden können, soll im folgenden Kapitel gezeigt werden.

6 Fragestellungen analysieren

Die Aufgabenstellung in Klausuren erfolgt schriftlich in Form einer Arbeitsanweisung oder einer Fragestellung. Im Unterschied zu mündlichen Prüfungen können Sie in schriftlichen Prüfungen keine Verständnisfragen stellen und sind deshalb darauf angewiesen, die Ansprüche der Lehrperson eindeutig zu verstehen.

Häufig tritt das Paradox auf, dass die Lehrperson die Anforderungen nicht deutlich genug beschreibt (Transparenz), aber erwartet, dass Sie ihnen im gemeinten Sinne nachkommen. Natürlich helfen Ihnen dann Strategien des Einfühlens oder des intuitiven Erschließens dieser verdeckten Anforderungen. Schwierig kann es bei Fragestellungen werden, da diese keine Operatoren enthalten. Ein Beispiel:

Welche Argumente sprechen dafür und welche dagegen, fachübergreifenden Kompetenzen wie »Schlüsselqualifikationen« oder »Lernen lernen« breiteres Gewicht in der Schule einzuräumen?

Aus: Staatsexamensklausur Allgemeine Pädagogik

Bezeichnend ist, dass die Fragestellung keinen expliziten Hinweis darauf gibt, wie ausführlich die Aufgabe bearbeitet und in welcher Textform die Antwort geschrieben werden soll. Als Schwierigkeit kommt hinzu, dass jeglicher Hinweis auf die gedanklichen Anforderungen fehlt:

- Sollen Sie die Argumente nur nennen oder auch erläutern?
- Wird von Ihnen eine Gewichtung der Argumente erwartet?
- Sollen Sie nur Argumente aus der Literatur reproduzieren oder einen eigenen Standpunkt entwickeln?

Je nach Auslegung der Fragestellung verändern sich die kognitiven und textlichen Anforderungen erheblich. Sie müssten z. B. überlegen, ob Sie die Argumente mit Hilfe von Kriterien beurteilen, ob Sie Ihre Beurteilung der Kriterien auf schulische Situationen beziehen oder auch, ob Sie die Argumente miteinander in Beziehung setzen.

Für den Hauptteil Ihres Textes ergeben sich somit folgende Alternativen, geordnet nach den Anforderungsbereichen:

Antwortalternativen	Kognitive Anforderung	Textform
a) Nennung der Pro- und Contra-Argumente	Stufe 1	Auflistung, keine kompletten Sätze nötig
b) Nennung der Argumente, Erläuterungen	Stufe 1	Auflistung, Erläuterung in kompletten Sätzen, mehrere Kurztexte
c) Nennung, Erläuterung, Beschreibung der Konsequenzen	Stufe 1 / 2	mehrere Alternativen möglich, z. B.: wie bei b), in jedem Kurztext die Konsequenzen aufzeigen
d) Nennung, Erläuterungen, Konsequenzen, Gewichtung, eigene Position mit Begründung	Stufe 1 / 2 / 3	ein Gesamttext, gegliedert in Einleitung, Hauptteil und Schluss. Den Hauptteil untergliedert (verschiedene Gliederungsformen denkbar)

Die Bearbeitung der oben zitierten Klausuraufgabe hängt somit wesentlich von der Interpretation der Fragestellung ab. Versteht man die Frage gemäß Alternative a), unterstellt man eine geschlossene Frage. Es gäbe vermutlich in der Klausur eine Mehrzahl derartiger Fragen, die man beantworten müsste. In Alternative d) wurde die Aufgabe als offene Frage angesehen; in einer Klausur kommen vermutlich nur eine oder zwei derartiger Fragen vor, da zur Bearbeitung mehrerer nicht genügend Zeit bliebe. Zeit und Anzahl der Aufgaben sind also Kriterien, bei deren Berücksichtigung sich abschätzen lässt, wie eine Frage gemeint sein könnte. Im vorliegenden Fall ist die Auslegung der Frage einfach: Sie wurde in einer Staatsexamensklausur gestellt, für die mehrere Stunden zur Verfügung standen. Erwartet wurde folglich ein umfangreicher Text, die genauen Anforderungen bleiben nichtsdestotrotz unklar.

HINWEISE FÜR DAS SCHREIBVERHALTEN

- Als Klausurenschreiberin müssten Sie als Erstes die Fragestellung deuten und dabei situative Faktoren (Zeit, Anzahl der Fragen) genauso berücksichtigen wie eventuelle Kommentare, die die Lehrperson während der Vorbereitungszeit abgegeben hat.

- Wenn Sie die obige Fragestellung im Sinne der Alternative d) auffassen, sollten Sie Ihre Auslegung der Fragestellung und die inhaltlichen Aspekte, die Sie behandeln werden, in einer Einleitung Ihres Textes beschreiben. Denn in einem längeren Text müssen Sie die Leserin bezüglich Ihrer Schreibabsichten orientieren.
- Auf den Inhalt bezogen würde dies bedeuten, den Status quo an den Schulen bezüglich der genannten fächerübergreifenden Kompetenzen zu **beschreiben**. Anschließen könnten Sie **erläutern**, was man unter »breiteres Gewicht« versteht, denn der damit angedeutete curriculare Zustand ist selbst nicht eindeutig und lässt sich in vielen Intensitäten denken.
- Man müsste also zunächst, ausgehend vom gegenwärtigen Zustand, einen alternativen Zustand annehmen, auf den sich die Argumente beziehen ließen.

Man kann sich jetzt fragen, an welcher Stelle des Studiums eigentlich gelernt wird,

- eine Aufgaben- oder Fragestellung in ihren Dimensionen zu analysieren?
- einen Textbauplan zu entwickeln?
- in der Klausur einer Schreibstrategie zu verfolgen?

Leider ist dies nach wie vor nicht Teil der universitären Ausbildung.

6.1 Fragestellungen verstehen

Um die kognitiven Dimensionen von Fragen zu verstehen, wäre eine Taxonomie ähnlich der von Operatoren in Aufgabenstellungen (s. Kapitel 3) sinnvoll. Allerdings gibt es eine derartige Taxonomie für Fragestellungen nicht. Der Grund dafür liegt in einer Eigenheit der sprachlichen Mittel in Fragen. Eine Frage nach dem Muster *Was ist …?* kann unterschiedliche Anforderungen enthalten:

- Was sind die drei wesentlichen Kriterien für … (Stufe 1)
- Was sind die Unterschiede zwischen … (Stufe 1 oder 2)
- Was sind Ihrer Meinung nach die … (Stufe 2 oder 3)

Fragewörter markieren Anforderungen nicht so eindeutig wie Operatoren.

Hilfreich wäre bei offenen Fragen daher eine Antworttypologie, also Beschreibungen von Textformen mit spezifischen Anforderungen, wie sie z. B. für die Schule vorliegen.[8] An der Universität muss dies die Studierende selbst leisten. Deshalb sollten Lehrende in einer Fragestellung möglichst genau ihre Erwartungen zum Ausdruck bringen. Die Studierende wiederum sollte sich nicht nur auf den Inhalt der Frage konzentrieren, sondern auch deren Formulierung beachten. Hier ist, unabhängig vom Fach, **Sprachverständnis** gefordert!
Die angestrebte Genauigkeit wird oft durch Fragezusätze erreicht, die man auf keinen Fall überlesen sollte:

- Berücksichtigen Sie dabei …
- Begründen Sie …
- Veranschaulichen Sie …

Durch die verwendeten Operatoren entsteht die Genauigkeit, die für die Bearbeitung einer Aufgabe von großer Bedeutung ist. Verwendet die Lehrperson als Aufgabenstellung eine Frage ohne diese Zusätze, so ist Genauigkeit schwerer zu erreichen.

6.2 Fragestellungen in Aufgabenstellungen umformulieren

Um Anforderungen, die in Fragestellungen enthalten sind, besser analysieren zu können, empfiehlt es sich, die Fragestellung in eine Aufgabenstellung umzuformulieren. Eine derartige Umformulierung für die obige Fragestellung könnte folgendermaßen aussehen:

Aufgabe 1

> ***Führen*** *Sie Argumente für und gegen das Vorhaben* ***an****, fachübergreifenden Kompetenzen wie »Schlüsselqualifikationen« oder »Lernen lernen« breiteres Gewicht in der Schule einzuräumen.*

---

8 Die Schüler wissen genau, wie die Textform *Gedichtinterpretation* oder *Analyse eines Sachtextes* aussieht und in welchen Schritten sie methodisch vorgehen müssen. Diese Entwicklung zur Eindeutigkeit der Anforderungen hat sich mit der Einführung des Zentralabiturs und der Notwendigkeit der Vergleichbarkeit verstärkt.

Dank des Operators »anführen« wird deutlich, dass eine Aufzählung von Argumenten verlangt wird. Diese Argumente sollen nicht gewichtet und nicht hinsichtlich ihrer Folgen abgeschätzt werden. Ebenso wenig soll eine Stellungnahme abgegeben werden. Man kann daraus schließen, dass kein argumentativer Text verlangt wird. Deshalb reicht als Darstellungsweise eine Auflistung von argumentativ ausgerichteten Einzelsätzen, eventuell können Sie die Argumente noch erläutern.

Doch Vorsicht: Was ist, wenn die Lehrperson mit der Prüfungsfrage eine andere Aufgabenstellung im Kopf hatte? Es ließe sich ja auch folgende Umformulierung der Aufgabenstellung denken:

Aufgabe 2

> ***Diskutieren** Sie das Für und Wider, fachübergreifenden Kompetenzen wie »Schlüsselqualifikationen« oder »Lernen lernen« breiteres Gewicht in der Schule einzuräumen.*

Mit dieser Formulierung werden andere Anforderungen gestellt. Der Operator »diskutieren« umfasst folgende Erwartungen:

diskutieren	zu einer Problemstellung oder These verschiedene Standpunkte aufführen, zu deren Begründung oder Widerlegung eine Argumentation entwickeln und auf der Grundlage eines ausgewogenen Sachurteils eine Bewertung der Argumente liefern

Die Diskussion von Argumenten verlangt weitaus höhere Ansprüche als bei deren Auflistung und Erläuterung. Mit steigenden Anforderungen muss sich auch die Textform ändern. Soll etwas diskutiert werden, wird ein strukturierter Text im Stile einer Erörterung verlangt.

Problem:	Leider kann man bei der Auslegung von Operatoren und Fragestellungen im universitären Bereich nicht auf standardisierte Anforderungskataloge zurückgreifen. Infolgedessen sollten Sie in Zweifelsfällen nachfragen, welche Anforderungen sich hinter einer Frage verbergen.

HINWEIS

- Verdeutlichen Sie sich, welche Operatoren bei der Umformulierung benutzt werden können und entscheiden Sie sich für den aus Ihrer Sicht sinnvollsten.

6.3 Beispiele für Umformulierungen

Im Folgenden werden einige Beispiele dafür angeführt, wie man Fragestellungen in Aufgabenstellungen umformulieren kann.

Fragestellung	Umformulierung in Aufgabenstellung
Was ist und wozu braucht man Kulturpädagogik? *Aus: Staatsexamensklausur Allgemeine Pädagogik, LPO I, Prüfungsaufgaben – Gymnasium*	**Definieren** Sie den Begriff »Kulturpädagogik« und **erläutern** Sie/**stellen** Sie **dar**, wozu man sie braucht.
Welche Ziele können mit der Medienpädagogik im Hinblick auf den Umgang mit neuen Medien verfolgt werden? *Aus: Staatsexamensklausur Allgemeine Pädagogik, LPO I, Prüfungsaufgaben – Gymnasium*	**Nennen** Sie Ziele, die mit der Medienpädagogik im Hinblick auf den Umgang mit neuen Medien verfolgt werden.
Welchen Einfluss hatte die Industrialisierung im Deutschland des 19. Jahrhunderts auf die Erziehung und Bildung der heranwachsenden Kinder und Jugendlichen? *Aus: Erste Staatsprüfung für ein Lehramt an öffentlichen Schulen, Allg. Pädagogik – Grund- und Hauptschule*	**Stellen** Sie den Einfluss der Industrialisierung im Deutschland des 19. Jahrhunderts auf die Erziehung und Bildung der heranwachsenden Kinder und Jugendlichen **dar**.

Fragestellung	Umformulierung in Aufgabenstellung
Welche Bedeutung kommt berufsorientierter Bildung für die Allgemeinbildung unter heutigen Lebensbedingungen zu? *Aus: Erste Staatsprüfung für ein Lehramt an öffentlichen Schulen, Allg. Pädagogik – Realschulen*	**Stellen** Sie die Bedeutung **dar**, die berufsorientierte Bildung für die Allgemeinbildung unter heutigen Lebensbedingungen hat.
Welche Bedeutung hat Axiom 1 der Kommunikationstheorie von Paul Watzlawik – *Man kann nicht nicht kommunizieren* – für den Umgang mit geistig behinderten Menschen? *Aus: Abschlussklausur Seminar ZUK Theorie1*	**Geben** Sie die Bedeutung von Axiom 1 der Kommunikationstheorie von Paul Watzlawik – *Man kann nicht nicht kommunizieren* – für den Umgang mit geistig behinderten Menschen **an**.
Welche zwei großen Strömungen unterscheidet man in der Geschichte der europäischen Philosophie im 17. und 18. Jahrhundert? Wie lassen sich diese Strömungen charakterisieren? *Aus: Prüfungsfragen zur Vorlesung »Geschichte der Philosophie der Neuzeit«*	**Nennen** Sie die beiden großen Strömungen in der Geschichte der europäischen Philosophie im 17. und 18. Jahrhundert. **Charakterisieren** Sie diese Strömungen.
Worin besteht das sogenannte »Leib-Seele-Problem«, und welche Auffassung vertritt Descartes in Bezug auf dieses Problem? *Aus: Prüfungsfragen zur Vorlesung »Geschichte der Philosophie der Neuzeit«*	**Beschreiben** und **erläutern** Sie das sogenannte »Leib-Seele-Problem« und **geben** Sie **an**, welche Auffassung Descartes in Bezug auf dieses Problem vertritt.
Was bedeutet der Leibniz'sche Slogan »Monaden haben keine Fenster«? *Aus: Prüfungsfragen zur Vorlesung »Geschichte der Philosophie der Neuzeit«*	**Erklären** Sie die Bedeutung des Leibniz'schen Slogans »Monaden haben keine Fenster«.

Fragestellung	**Umformulierung in Aufgabenstellung**
Was sagte Hume über die Begriffe Raum und Zeit? Wessen Auffassung griff er an? Bei wem finden wir ein ganz ähnliches Verständnis von Raum und Zeit wie bei Hume? *Aus: Prüfungsfragen zur Vorlesung »Geschichte der Philosophie der Neuzeit«*	**Stellen** Sie **dar**, was Hume über die Begriffe Raum und Zeit sagte und wessen Auffassung er angriff. **Geben Sie** an, bei wem wir ein ähnliches Verständnis von Raum und Zeit wie bei Hume finden und **erläutern** Sie die Unterschiede.
Welche Regierungsform sahen die Abgeordneten der Paulskirche für Deutschland in welchen Grenzen vor?	**Nennen** Sie die Regierungsform, die die Abgeordneten der Paulskirche für Deutschland vorsahen und **geben** Sie die geografischen Grenzen seiner Gültigkeit **an**.
Was versteht man verbal und mathematisch unter dem Begriff Grenznutzen? (3 Punkte) verbal: mathematisch: *Aus: VWL1*	**Definieren** Sie **verbal** und **mathematisch** den Begriff Grenznutzen. (3 Punkte) verbal: mathematisch:
Warum kann für einen Markenhersteller wie C'Royale ein hoher Distributionsgrad von größter Bedeutung sein? Wie ist es dann aber zu erklären, dass in den meisten Markenartikelbranchen der Selektiv- oder gar Exklusivvertrieb vorherrscht? (8 Punkte) *Aus: BWL 3, Klausurarbeit Diplom-Vorprüfung / Diplomprüfung*	**Erklären** Sie, warum für einen Markenhersteller wie C'Royale ein hoher Distributionsgrad von größter Bedeutung sein kann. **Erläutern** Sie, wie es **dann aber** zu erklären ist, dass in den meisten Markenartikelbranchen der Selektiv- oder gar Exklusivvertrieb vorherrscht. (8 Punkte)

HINWEISE ZUR BEARBEITUNG VON FRAGEN

- Formulieren Sie Fragestellungen in Aufgabenstellungen um. Achten Sie insbesondere darauf, ob unterschiedliche Operatoren passen würden.
- Berücksichtigen Sie die Situation:
  - Wie viele Fragen müssen Sie beantworten?

  - Wie viel Zeit haben Sie für die Beantwortung einer Frage zur Verfügung?
  - In welcher Phase Ihres Studiums befinden Sie sich, und was kann in dieser Phase schon von Ihnen verlangt werden?
- Nehmen Sie sich zu Beginn der Klausur die Zeit, einen schematischen Textentwurf zu entwicklen. Entwerfen Sie dazu Textbausteine, die sich zu einem Textbauplan zusammenfügen. Notieren Sie anschließend Stichworte zu jedem einzelnen Textbaustein, aus denen Sie anschließend Sätze formulieren können. Das verleiht Ihnen Sicherheit (s. a. Kapitel 9).

Beispiel Aufgabe 2

Grobgliederung	**Feingliederung: Textbauplan**	**Stichworte: Schreibplan**
Einleitung	• Hinführung zum Thema • Explikation des Themas • Beschreibung des Textaufbaus	... ...
	↓ sprachliche Überleitung	
Hauptteil	Beschreibung der gegenwärtigen Situation	...
	↓ sprachliche Überleitung	
	Erläuterung: Schlüsselqualifikation / Lernen	...
	↓ sprachliche Überleitung	...
	• Argumente für / gegen • Erläuterung der Argumente • Nennen von Fachvertretern sowie von deren Absichten und Implikationen (politisch / berufsbezogen, pädagogisch)	... ...

↓ sprachliche Überleitung

- Gewichtung der Argumente anhand transparenter Kriterien
- Argumente gegeneinander abwägen
- Urteil fällen, evtl. persönliche Stellungnahme

...

...

...

↓ sprachliche Überleitung

Schluss — Zusammenfassung, Fazit, Ausblick ...

- Achten Sie bei Fragestellungen in MC-Klausuren besonders auf die Formulierungen (s. Kapitel 9). Oft verändern unscheinbare sprachliche Zusätze den Sinn der Frage entscheidend.

6.4 Fragestellungen in Klausuren und in Prüfungsgesprächen

Wie in Kapitel 1 bereits beschrieben, unterscheidet sich eine Klausur als monologische Kommunikationsform wesentlich von einer mündlichen Prüfung. In einem Prüfungsgespräch kann man die oben formulierte Aufgabe trotz ihrer fehlenden Explizitheit durchaus stellen, z. B. als Leitfrage für ein Gespräch. Die Kommunikationsform *Prüfungsgespräch* erlaubt nämlich eine gegenseitige Vergewisserung der Gesprächsteilnehmer. Die fehlende Explizitheit macht sogar Sinn, wenn die Lehrperson der Studierenden einen Raum zur inhaltlichen Entfaltung offen halten und auch die Form des Gesprächs nicht im Vorgriff auf die Prüfungssituation festlegen möchte.[9] Die Lehrperson behält sich so die Möglichkeit vor, entweder die Studierende in die Prüfungsgestaltung einzubeziehen, oder, wenn dies die Studierende überfordert, durch Erläuterungen, Nachfragen, durch geschickte Leitung den Gesprächsverlauf zu beeinflussen.

9 Zu unterschiedlichen Formen des Gesprächs siehe etwa O. F. Bollnow, Sprache und Erziehung.

Dies alles gilt für die Klausur nicht. Hat die aufsichtführende Lehrperson die Prüfung erst einmal verteilt, sind Sie auf sich allein gestellt.

7 Beurteilungskriterien kennen

7.1 Transparenz der Bewertung

Hochschulübergreifend gibt es keine verbindlichen Richtlinien, wie Lehrkräfte Klausuren bewerten können oder sollen. Darin unterscheiden sich Hochschulen hinsichtlich des Bewertungsverfahrens grundsätzlich von den Schulen, die sich an Rahmenbedingungen orientieren müssen.

Für die Studierenden bedeutet das in der Regel: Sie müssen sich bei jeder Lehrperson auf deren individuelle Art des Klausurerstellens, der Anforderungen und der Benotung einstellen.

Bei der folgenden Aufgabe ist es allerdings leicht, die Benotung nachzuvollziehen. Ein Kreuz an der richtigen Antwort-Alternative ergibt einen Punkt. Vorausgesetzt wird, dass es nur eine richtige Antwort gibt.

In welcher historisch-ideologischen Tradition steht das gegliederte Schulsystem? (1P)

a) in der Tradition der Aufklärung

b) in der Tradition des Neuhumanismus

c) in der Tradition der industriellen Arbeitsgesellschaft (Prinzip der Arbeitsteilung)

d) in der Tradition der Reformpädagogik

Aus: Abschlussklausur zur Vorlesung »Was heißt Bildungsgerechtigkeit?«

Bei der nachstehenden Aufgabe aber ist es schwierig, die Benotungskriterien selbst zu erschließen:

Warum eignen sich hierarchische Unterrichtsstrukturen nicht, um Bildungsgerechtigkeit im Unterricht und durch Unterricht zu ermöglichen? (12 Punkte)

Aus: Abschlussklausur zur Vorlesung »Was heißt Bildungsgerechtigkeit?«

Studierende sind demnach auf eine Vorgabe von Kriterien angewiesen, wollen sie zielgerichtet auf die Anforderungen dieser Aufgabe reagieren.

An Universitätsinstituten finden sich gerade für Textaufgaben dieser Art nur vereinzelt ausgearbeitete Bewertungskriterien, die öffentlich zugänglich sind.

Das erschwert sowohl das zielgerichtete Lernen als auch das Schreiben der Klausur. Eine wesentliche Rolle spielt dabei natürlich der kognitive Anforderungsbereich, der sich in der Aufgabenstellung niederschlägt.

Für dieses Kapitel folgt daraus: Es können keine allgemeingültigen Kriterienkataloge dargelegt werden. Dies verbietet sich schon wegen der Tatsache, dass aufgrund der Verschiedenheit der Lehrziele, aber auch der unterschiedlichen wissenschaftlichen Standards die Erwartungshaltungen der Lehrenden uneinheitlich bleiben müssen.

Es geht hier vielmehr darum, die Bandbreite von Kriterien bei der Bewertung aufzuzeigen. Praktische Beispiele sollen das Bewusstsein dafür schärfen, dass sich der Erfolg des Lernens an Kriterien misst, die den Studierenden häufig nicht bekannt gemacht werden. Gleichzeitig soll deutlich werden, dass Sie Transparenz bei der Bewertung einfordern können.

7.2 Beurteilungskriterien

Da die Kriterien zur Beurteilung von Klausuren nicht in Form von Richtlinien festgesetzt werden, bleibt nur, die Lehrenden nach ihrer Vorgehensweise zu befragen und eine Bestandsaufnahme vorzunehmen. An der Universität Münster wurden im Jahr 2011 derartige Einzelbefragungen durchgeführt. Einige typische Antworten werden hier vorgestellt:

Neuere Deutsche Literaturwissenschaft

Für eine 1:	Es müssen eigenständige Gedanken in der Klausur entwickelt werden.
Für eine 2:	Das fremde Gedankengut muss sehr gut wiedergegeben und reflektiert werden.
Für eine 3:	Die wissenschaftlichen Gedanken sind zwar wesentlich genannt, aber nicht richtig durchdacht.
Für eine 4:	Eine 3er-Arbeit mit Rechtschreibfehlern.

Erziehungswissenschaften

Bewertet wird eine Reihe von Aspekten. Die folgenden Punkte sind in der Reihenfolge ihrer Wichtigkeit genannt:

- Kenntnis über Theorien,
- Seminarbezug,
- argumentativer Aufbau,
- sozialpädagogische Reflexion,
- Sprachliches und Stilistisches.

Kunstgeschichte

- Bei Sachfragen (die bei den Studierenden beliebter sind): Richtigkeit der Antwort;
- bei Verständnisfragen: Fähigkeit, Dinge fachspezifisch zu beantworten.

Psychologie

- Sind die Kernaussagen von Sachverhalten verstanden und dargestellt worden?
- Sind die Fakten in sinnvollen Zusammenhängen dargestellt worden?
- Sind die Wissensinhalte abstrakt definiert und dann mit passenden Beispielen illustriert worden?
- Beim Aufbau der Texte sollte es immer vom Allgemeinen zum Speziellen gehen.

Soziologie, Statistik

- Ist der Lösungsweg richtig? Dieser muss von der Studierenden transparent gemacht werden.
- Perfektes Rechnen ist nicht notwendig, denn im wirklichen Leben gibt es diverse Hilfsmittel. Das richtige Ergebnis ist deshalb nicht von zentraler Bedeutung.

Soziologie, Sozialstrukturanalyse

- Entspricht der vorliegende Text der Frage?
- Positiv sind eine kritische Auseinandersetzung mit Begrifflichkeiten und die Originalität des Textes. Darunter versteht die Lehrperson eine Lösung, die aus dem normalen Repertoire herausfällt.
- Eine schlechte Bewertung erhält eine komplette Wiedergabe von Passagen aus Lehrbüchern.

Die Antworten fielen wie erwartet heterogen aus. Es stellt sich die Frage, ob derartige Antworten den Studierenden wirklich bei der Vorbereitung auf eine Klausur helfen. Die Interviews zeigten:

- Es lassen sich nur für bestimmte Klausurtypen wie MC-Klausuren oder Klausuren mit reiner Wissensüberprüfung generalisierende Aussagen treffen, wie Lehrpersonen Klausuren bewerten.
- Die Kriterien sind in der Regel von der Lehrperson für den Eigengebrauch entwickelt und gerade bei Aufgaben mit offenen Antwortformaten schwer zu durchschauen.
- Die Lehrenden legen Bewertungskriterien häufig nur in Teilen oder in einer Allgemeinheit fest, die den Studierenden nicht hilft.
- Inwieweit Transparenz für die Studierenden besteht, hängt von der Lehrperson ab.
- Die Notenvergabe ist vor allem bei Textaufgaben häufig nicht nachvollziehbar.[10]

In einigen Fachbereichen finden sich allerdings intern durchaus ausgearbeitete Kriterien für die Benotung von schriftlichen Prüfungen, z. T. sind sie auch öffentlich auf Homepages einsehbar. Kriterien, die an eine Klausur gestellt werden, sind etwa

- Richtigkeit (inhaltlich, Terminologie),
- Vollständigkeit (alle Aufgaben vollständig),
- Argumentation (Durchdringung, Verständnis, Konsistenz, Präzision …),
- eigene neue Ideen,
- formale Darstellung,
- …

Wegen ihrer Allgemeinheit ist diese Auflistung zur Vorbereitung auf eine Klausur nur begrenzt brauchbar.

Beurteilungskriterien hängen i. d. R. davon ab, welche Art von Aufgabe gestellt wurde. Der Zusammenhang von Aufgabenart und Beurteilungskriterien wird im Folgenden dargestellt.

---

10 Damit soll nicht behauptet werden, dass die Notenvergabe ungerecht sei. Es stellt sich aber die Frage, ob hier nicht ein wichtiges Aufgabengebiet für hochschuldidaktische Zentren vorliegt. Eine Schulung der Lehrenden in der Erstellung und Bewertung von Klausuren könnte auch für die Studierenden einen positiven Effekt haben, indem sich die Kenntnis der Prüfungsanforderungen auf das Lernverhalten auswirken würde.

7.3 Aufgabenbezogenheit von Beurteilungskriterien

Im Folgenden sind zwei Beispiele von Benotungen angeführt, die für Klausurkorrekturen typisch sind:

Aufgabe

Welche grundlegende Unterscheidung muss bei der Diskussion um Theorien der Sozialen Arbeit getroffen werden, und worum geht es jeweils innerhalb der zu unterscheidenden Aspekte? (6P)

Text der Studierenden
Unterschieden werden muss zwischen »theoretischem Diskurs« und dem Diskurs der »Theorie der sozialen Arbeit«.
Durch Schwierigkeiten zwischen Praxis und Theorie und deren Verständnis von Sozialer Arbeit entstand der Diskurs über Sachfragen des Gegenstandsbereiches Sozialer Arbeit (theoretischer Diskurs)
Durch Differenzen / Schwierigkeiten zwischen Disziplinwissen (Wiss.) und Professionswissen (Praxis) entstand ein Diskurs, bei dem es um die zentrale Klärung des Status, der Aufgabenbereiche und Funktionen der Sozialen Arbeit geht. (Diskurs über die Theorie der Sozialen Arbeit)

Lehrperson
6/6

In diesem Beispiel hat die Lehrperson keine Bemerkungen dazu geschrieben, wie die Punktezahl erreicht wurde. Man kann aber aus dem Text der Studierenden schließen, dass es um Zusammenhänge, um Fachbegrifflichkeit und eine enge Bezogenheit auf die Aufgabenstellung geht.

In dem folgenden Beispiel wird anhand der Unterstreichungen deutlich, dass es der Lehrperson nicht darum geht, einen Text mit inhaltlichen Bezügen produzieren zu lassen, es müssen auch keine vollständigen Sätze geschrieben werden; erwartet werden ausschließlich bestimmte Begriffe (»Nenne«).

Aufgabe
Sozialleistungen werden in Deutschland nach drei Prinzipien vergeben. Nenne die wesentlichen Merkmale und Leistungen des »Versorgungs- und Ausgleichsprinzips«! (4P)

Text der Studierenden
- aus steuerlichen Mitteln finanziert
- meist wird nicht auf Bedürftigkeit geprüft
- allerdings Bedürftigkeitsprüfung bei BaföG und Wohngeld

- richtet sich nach der Lebenslage (Eltern, Studierende)
- großer Empfängerkreis, geringe Leistungen

Bsp: Wohngeld, Kindergeld, BaföG

Unterstreichungen und Bewertung durch Lehrperson
4/4
- aus steuerlichen Mitteln finanziert
- meist wird nicht auf Bedürftigkeit geprüft
- allerdings Bedürftigkeitsprüfung bei BaföG und Wohngeld
- richtet sich nach der Lebenslage (Eltern, Studierende)
- großer Empfängerkreis, geringe Leistungen

Bsp: Wohngeld, Kindergeld, BaföG

Es hängt von vielen Faktoren ab, welche Kriterien zur Beurteilung von Klausurtexten eine Lehrperson heranzieht. Dazu zählen:

- unbewusste Bewertungskriterien der Lehrperson mit nicht reflektierten persönlichen Vorlieben;
- Kriterien, die sich aus dem Seminarlauf und seinen Schwerpunktsetzungen ergeben;
- Kriterien bezüglich Form, Stil, Inhalt, Darstellungsweise, Reflexionsgrad usw.;
- allgemeingültige Kriterien, auf die häufig nicht weiter hingewiesen wird, wie z. B. wissenschaftliche Standards oder gängige Argumentationsstrukturen.

Die Beurteilungskriterien geben Aufschluss darüber, was die Lehrenden als Prüfungsleistung erwarten. Sie sollten deshalb so weit wie möglich konkretisiert werden. Im Folgenden soll versucht werden, die Kriterien auf die kognitiven Anforderungen zu beziehen (s. Kapitel 3).

7.3.1 Beispiel für Beurteilungskriterien auf Stufe 1

Die kognitiven Anforderungen auf dieser Stufe bestehen in einer Wiedergabe von Wissen und Zusammenhängen (Reproduktion).

Beispiel für eine Aufgabe mit derartigen Anforderungen:

> **Wie lauten die vier Stufen der Artikulation des Unterrichts nach Joh. Friedr. Herbart?**
>
> *Aus: Abschlussklausur zur Vorlesung »Einführung in Grundfragen von Erziehung und Bildung«*

Bei dieser Aufgabe bekamen die Prüflinge Punkte für die

- inhaltliche Richtigkeit,
- terminologische Korrektheit,
- Vollständigkeit der Antwort.

Diese Kriterien sind einfach anzuwenden und zeitsparend bei der Korrektur. Die Benotung wird dadurch für die Studierenden leicht nachvollziehbar. Reine Wissensüberprüfungen sind deshalb bei Lehrenden und Prüflingen gleichermaßen beliebt und gelten als verlässliche Leistungsmessung. Aber eben nur zur Überprüfung von gelerntem Wissen, das u. U. auch nur im Kurzzeitgedächtnis gespeichert ist.

7.3.2 Beispiel für Beurteilungskriterien auf Stufe 2

Die kognitiven Anforderungen auf Stufe 2 bestehen darin, Wissen darzustellen und anzuwenden, Zusammenhänge aufzuzeigen sowie Wissen auf einen anderen Zusammenhang anzuwenden.

Beispiel für eine Aufgabe auf dieser Stufe:

> *Nennen und erläutern Sie die zentralen Annahmen der Theorie des kombinierten Staats- und Marktversagens von Burton Weisbord und verdeutlichen Sie, wie diese Theorie die Entstehung von Organisationen des Dritten Sektors erklärt.*
>
> *Aus: Politikwissenschaften, Standardkurs »Der Dritte Sektor zwischen Markt und Staat«*

Bei diesem Beispiel handelt es sich um eine Aufgabe, die eine Lehrperson den Studierenden zur Vorbereitung auf die Klausur gegeben hat. Bemerkenswert ist, dass er den Studierenden allgemeine und aufgabenspezifische Erläuterungen zur Bewertung beigefügt hat. Allgemein heißt es darin, dass es für die volle Punktzahl nicht reicht,

> *»die erforderlichen Antwortbestandteile bloß anzudeuten bzw. ungenau, unstrukturiert oder fehlerhaft zu umschreiben«.*

Auf die Aufgabe bezogen:

> *»Die Studierenden sollen die zentralen Annahmen Weisbords wiedergeben und richtig erläutern. Fünf Punkte können für die richtige Erläuterung des Marktversagens aufgrund des Trittbrettfahrerproblems erlangt werden. Fünf Punkte werden für die richtige Erläuterung des Staatsversagens aufgrund des Medianwählerprogramms vergeben. Fünf Punkte werden schließlich für die richtige Folgerung (und ggf. die beispielhafte Illustration) zur Entstehung von Organisationen des Dritten Sektors vergeben.«*

Aufgrund der dargelegten Erwartungshaltung ist die Aufgabe in wesentlichen Bestandteilen auf Stufe 1 der kognitiven Anforderungen angesiedelt (»nennen« und »darstellen«) und lediglich im letzten Teil auf Stufe 2 (»erläutern«, »Zusammenhänge darstellen«, »folgern«).

Für Stufe 3 werden nun die unterschiedlichen Bewertungskriterien soweit wie möglich in eine systematische Ordnung gebracht. Als vorrangige Referenz dienen dabei diverse Auflistungen von Kriterien der Fernuniversität Hagen. Ergänzt wurden sie durch weitere Kriterien, die sich auf diversen Homepages finden oder sich aus den Befragungen der Lehrenden an der Universität Münster ergeben haben.

7.3.3 Beispiel für Beurteilungskriterien auf Stufe 3

Die kognitiven Anforderungen auf Stufe 3 bestehen darin, Probleme zu bearbeiten und zu reflektieren, Probleme eigenständig zu lösen, diese Lösung darzustellen und zu beurteilen.

Eine typische Aufgabenstellung lautet:

Diskutieren Sie Prinzipien und theoretische Konzeptionen der psychologischen Arbeitsgestaltung.

Sie müssen bei dieser Aufgabe einen Text produzieren, dessen Struktur komplexer ist als der einer Kurzantwort. Um die inhaltlichen und damit auch die textuellen Anforderungen in den Blick zu bekommen, müssen Sie sich die Anforderungen zunächst vergegenwärtigen und prüfen, was in Ihrem Fach unter »diskutieren« zu verstehen ist. In dem hier angeführten Beispiel reicht es nicht, die Prinzipien und theoretischen Konzeptionen zu *diskutieren*, wie dies aufgrund der Aufgabenstellung naheliegt. Der Hauptteil Ihres Textes muss aus drei Abschnitten bestehen:

Teil 1: Darstellung des thematischen Gegenstandes (Stufen 1 und 2 der kognitiven Anforderungen),
Teil 2: Reflexion (Stufe 3),
Teil 3: Eigene Stellungnahme (Stufe 3).

Aus der Komplexität der Aufgabe und des entsprechend strukturierten Textes, der als Antwortformat erwartet wird (s. Kapitel 5), ergibt sich auch ein kompliziertes Beurteilungsverfahren. Es bezieht sich inhaltlich auf die drei oben angeführten Abschnitte Ihres Textes sowie auf textuelle Anforderungen.

Auf ihren Homepages führen Lehrende folgende Beurteilungskriterien an:

Inhaltliche Anforderungen an die Darstellung (Stufen 1 und 2)

- Theoriekerne klar herausarbeiten,
- eine strikte Orientierung am Thema beibehalten,
- einen Bezug zur Forschung deutlich herstellen,
- die unterschiedlichen Forschungsmeinungen darstellen;
- dabei auch den aktuellen Forschungsstand darstellen und eine kontextuelle Einbettung z. B. in die Geschichte vornehmen,
- Vertreter der Theorien mit Namen nennen,
- wichtige Fachbegriffe definieren,
- Anwendungsbeispiele nennen,
- fundierte Literaturkenntnisse einbringen, die über die im Kurs behandelten Texte hinausgehen,
- ...

Inhaltliche Anforderungen an die kritische Reflexion (Stufe 3)

- die Argumentation klar strukturieren,
- Anwendungsbezüge der Theorien aufzeigen,
- dabei die Vor- und Nachteile der einzelnen Theorien bzw. die Grenzen und Möglichkeiten aufzeigen,
- eine kritische Betrachtung der Forschungsmethodik einbeziehen,
- Stellung beziehen,
- ...

Inhaltliche Anforderungen an die eigene Positionsbestimmung (Stufe 3)

- die eigene Position mit Bezug zu dem vorher Ausgeführten klar darstellen,
- die Position argumentativ stützen,
- evtl. Schwächen der eigenen Position herausarbeiten.

Textuelle Anforderungen

Abhängig von der Aufgabenstellung müssen Sie bei der Organisation Ihres Textes bestimmte Anforderungen erfüllen. Diese können sich erheblich voneinander unterscheiden und reichen von ungegliederten Kurzantworttexten über ungegliederte Fließtexte bis zu längeren Texten, die neben der klassischen Dreigliederung »Einleitung – Hauptteil – Schluss« weitere Untergliederungen des Hauptteiles aufweisen können. Anspruchsvoll zu schreiben sind längere Texte, die im Gegensatz zum Verfertigen von Kurzantworten eine spezifische Schreibkompetenz erfordern. Auf einer allgemeinen Ebene lassen sich für die obige Aufgabe folgende textuelle Anforderungen benennen:

- eine Gliederung,
- sprachliche Angemessenheit,
- stringente Argumentationsstrukturen.

- **Die Gliederung**
  Da eine Reihe von Teilleistungen erbracht werden muss, sollte der Text gegliedert sein. Die Textordnung sollte dem der Lehrperson in einer vorangestell-

ten Gliederung mittels Überschriften innerhalb des Textes sowie durch Verweise (advance organizer und post organizer) transparent gemacht werden.

In der **Einleitung** führen Sie auf die Themenexplikation des Hauptteils hin, beschreiben Ihr Vorgehen und den Aufbau Ihres Textes.

Der **Hauptteil** sollte untergegliedert sein. Beginnen Sie mit der Entfaltung des Themas und darstellenden Textelementen. Komplexere und kognitiv anspruchsvollere Gedankengänge sollten folgen und je nach Aufgabe in die Darlegung kritischer Reflexionen, einer Beurteilung, einer eigenen Positionsbestimmung münden.

Im **Schlussteil** schreiben Sie eine zusammenfassende Darstellung der Ergebnisse Ihrer Arbeit. Manche Lehrende erwarten im Schlussteil (und nicht wie oben beschrieben im Hautteil) auch eine kritische Reflexion. Darüber hinaus können Sie inhaltliche Perspektiven aufzeigen, die je nach Fach und Thema in unterschiedlicher Weise akzentuiert sein können.

- **Sprache**
  Sprachliche Anforderungen beziehen sich auf die
  - syntaktische Komplexität,
  - Fachterminologie,
  - Genauigkeit im Ausdruck,
  - Vermeidung von Witz und Ironie,
  - Sprachökonomie (Vermeidung von Ausschweifungen),
  - stilistischen Eigenheiten der Fachkommunikation.

- **Argumentationsstrukturen**
  Die im Fach üblichen Argumentationsstrukturen müssen eingehalten werden.

7.4 Fachbezogenheit

Eine Klausur ist eine Prüfungsform, für die allgemeine Rahmenbedingungen, fächerübergreifende Beschreibungen der Anforderungen und generalisierte Aussagen über wissenschaftliche Ansprüche möglich sind. Sie als Prüfling müssen auf dieser Basis eines allgemeinen Prüfungswissens die besonderen Anforderungen ermitteln, die sich nach Ihrem Fach, der Lehrveranstaltung und deren

Gegenständen, nach der Prüfungsform und den Aufgabentypen sowie nach den besonderen Ansprüchen der Lehrperson richten. Schwierig wird es vor allem, die Anforderungen bei argumentativen Texten zu ermitteln, längeren Textformen also, die aus vielen unterschiedlichen Textkomponenten zusammengesetzt sein können (s. Kapitel 5).

Am Beispiel einer kritischen Reflexion werden im Folgenden die fachspezifischen Anforderungen im Fach Philosophie im Vergleich zu denen in der Pädagogik skizziert. Wichtig ist für eine Philosophiestudierende, was unter philosophischer Kritik zu verstehen ist. Es wäre vermessen, in der Prüfung einen eigenen Standpunkt im Sinne einer eigenen Theorie zu erwarten, bedenkt man die Schwierigkeit der Entwicklung einer philosophischen Lehre. Stattdessen kann erwartet werden, eine positive oder negative Gewichtung der dargestellten philosophischen Theorien vorzunehmen. Diese kann sich etwa an der Tragweite und Leistungsfähigkeit der Theorie orientieren.

Lehrende der Pädagogik erwarten dagegen, dass ein eigener inhaltlicher Standpunkt eingenommen wird. Mit dem Bologna-Prozess hat die universitäre Bildung noch stärker den Charakter einer berufsorientierten Ausbildung erhalten. In der Pädagogik fordern Lehrende deshalb häufig, einen berufsbezogenen Standpunkt (z. B. medienpädagogisch, sozialpädagogisch, schulpädagogisch, usw.) darzustellen.

7.5 Wissenschaftlichkeit

Eng verbunden mit den Beurteilungskriterien ist der Anspruch der Wissenschaftlichkeit, der an einen Klausurtext gestellt wird. Die Bewertungskriterien wie z. B.

kritische Betrachtung der Forschungsmethodik

oder

eigene Stellungnahmen und Positionsbestimmung

erschließen sich nur demjenigen, der ein Verständnis von Wissenschaftlichkeit generell bzw. von den wissenschaftlichen Standards seines Faches hat. Die fachspezifischen Besonderheiten können hier nicht dargestellt werden. Das Verfahren der Begründung einer Behauptung etwa, ob logisch abgeleitet, argumentativ hergeleitet, auch unter Verwendung von Quellen, oder mit empirischen Methoden ermittelt, lässt sich in gesonderten Publikationen für das eigene Fach nachlesen. Dazu gehört die Frage, wie Objektivität methodisch hergestellt werden soll. Erinnert sei nur an die unterschiedlichen wissenschaftlichen Verfahren (exegetische Verfahren in den Religionswissenschaften, Interpretationsverfahren in den Philologien, Beweisverfahren in der Mathematik usw.).

FRAGEN ZU FACHSPEZIFISCHEN ANFORDERUNGEN AN DIE WISSENSCHAFTLICHKEIT

- Inwieweit muss ich den Forschungsstand beherrschen, d.h. weiterführende Lektüre in die Darstellung einbringen?
- Gehört zur Prüfung die übersichtartige Darstellung von Theorien, Schulen, Vertretern, Hauptwerken, der zeitlichen Einordnung?
- Welche wissenschaftssprachlichen Ansprüche bestehen in meinem Fach?

7.6 Benotung

Für eine gute Note müssen die von den Lehrenden aufgeführten Kriterien erfüllt sein. Interessant ist aber auch zu sehen, was die befragten Lehrpersonen in Klausuren negativ bewerten. Dazu zählt eine Reihe von verallgemeinerungsfähigen Faktoren.

Reproduktion von Wissen (Stufe 1)

Bei der bloßen Reproduktion bzw. Darstellung von Wissen gibt es in der Regel Punktabzüge, wenn

- sachliche Fehler auftreten;
- die terminologische Korrektheit nicht gegeben ist;
- die Fragen nicht vollständig beantwortet werden.

Darstellung von Zusammenhängen (Stufe 2)

Nachteilig auf die Note wirkt sich u. a. aus:

- inhaltlich: eine Verfehlung des Themas (Abschweifungen, falsche Gewichtung von Schwerpunkten, ...) oder eine unvollständige Darstellung;
- methodisch: die Nichtbeachtung von wissenschaftlichen Standards (Namen von Theorien, Autoren, Gegenstüberstellung verschiedener Theorien, Herausarbeitung der Unterschiede, zeitliche Einordnung usw.);

- strukturell: das Fehlen einer Gliederung des Textes bzw. einer Abweichung vom im Fach üblichen Textbauplan
- sprachlich: eine fehlende Fachterminologie, eine ungenaue Ausdrucksweise, eine wörtliche Reproduktion von Passagen aus der Literatur (auswendig Gelerntes statt Verstandenes).

Kritische Reflexion (Stufe 3)

Punktabzüge gibt es, wenn

- die kritische Reflexion sich nicht eindeutig auf die dargestellten Theorien, Zusammenhänge und Forschungsergebnisse bezieht;
- bei der Argumentation nicht auf Objektivität gemäß den fachwissenschaftlichen Gepflogenheiten geachtet wird;

ein eigener Standpunkt nicht eingenommen bzw. dieser argumentativ nicht gestützt wurde.
Für die Vergabe einer 5 (nicht ausreichende Leistung) geben die Lehrenden u. a. an, dass lediglich eine Grundkenntnis der Kursinhalte vorhanden sei, keine kritische Reflexion stattgefunden habe, die Methodenkenntnisse mangelhaft seien und Einzelerfahrungen generalisiert würden.

8 Multiple Choice / Single Choice / Best-Antworten

Dieses Kapitel soll Sie mit den unterschiedlichen Formaten an Multiple-Choice-Aufgaben, mit Beurteilungsvarianten und kognitiven Anforderungen in MC-Klausuren vertraut machen. Der unmittelbar praktische Nutzen dieser Darstellung erschließt sich im weiteren Verlauf dieses Kapitels: Hier werden Hilfen gegeben, Strategien zur Lösung von Aufgaben zu entwickeln.

Als **Multiple-Choice-Klausuren** bezeichnet man Testformate, in denen eine Aufgabenstellung in der Regel aus einer Frage besteht. Als Antwort erhält man zwei oder mehrere Optionen vorgegeben, von denen eine oder mehrere richtige oder falsche Antworten identifiziert werden müssen. Ist von den Antwortalternativen nur eine richtig, spricht man von einer **Single-Choice-Aufgabe**.

Außerdem gibt es Multiple-Choice-Aufgaben, in denen es nicht darum geht, die richtige Lösung zu finden, sondern die beste (**Best-Antwort-Aufgaben**). Diesen Typus gibt es z. B. in medizinischen MC-Klausuren, wenn kein Wissen abgefragt wird, sondern anwendungsorientierte Aufgaben gestellt werden.

Um der Einfachheit willen wird im Folgenden von Multiple-Choice-Aufgaben gesprochen, obwohl alle drei genannten Formate gemeint sind.

8.1 Auftretende Probleme

Aufgrund fehlender propädeutischer Hilfen an den Hochschulen gibt es längst Foren, auf denen sich Studierende über ihre Probleme austauschen.

In einem Internetforum zu MC-Klausuren finden sich folgende Eintragungen[11]:

Random King vor 1 Jahr

Ganz wichtig auch der Tipp: Wenn "nie", "immer", "alle" oder ähnliche extreme Formulierungen in den Antwortalternativen vorkommen, ist die Antwort bis auf wenige Ausnahmen FALSCH.

11 https://www.youtube.com/watch?v=zsvvm77OR30, abgerufen am 30.05.2019

1Xohoo1 vor 1 Jahr
Jedes einzelne Wort lesen. bei wahr/falsch-Fragen, die "immer" oder "nie" enthalten reicht ein Gegenbeispiel, um das "falsch" zu rechtfertigen. Daher fange ich lieber damit an, wo mir ein Gegenbeispiel einfällt. (Nur weil DU kein Gegenbeispiel findest, heißt es nicht, dass es wahr ist.)

Silver Hetch vor 1 Jahr
Die Leute von Ravati Seminare geben auch schöne MC Taktiken raus :D könnt ihr euch auch mal geben ;)
1

Random King vor 1 Jahr
"Irreführende Fragestellungen" sind kein mieses Markenzeichen, sondern gute Distraktoren. Sind wichtig, um eben die Ratewahrscheinlichkeit zu senken. Ruhiges Lesen ist tatsächlich das Mittel dagegen, sich verwirren zu lassen. Die Dozenten zu dissen find ich an dieser Stelle unnötig.

Die Tipps, die sich Studierende hier geben, sind durchaus sinnvoll. Allerdings ist es hilfreicher, sich mit der Prüfungsform MC-Klausur systematisch auseinanderzusetzen und sich zunächst einmal zu fragen, welche Formate in Prüfungen üblich sind.

8.2 Formate von Aufgaben- und Fragestellungen

Die Aufgaben- und Fragestellungen bei MC-Klausuren können sich in mehrfacher Hinsicht voneinander unterscheiden.

Beispiel: Multiple Choice mit **einem falschen Distraktor**

Hörverstehen Teil 2 (Detailverstehen)
Sie hören nun ein Gespräch. Dazu sollen Sie zehn Aufgaben lösen. Sie hören das Gespräch zweimal. Entscheiden Sie beim Hören, ob die Aussagen 26 bis 35 richtig oder falsch sind. Kreuzen Sie an: richtig (r) oder falsch (f).

		r	f
26	Herr Wallner prüft die Angebote von Wellnesshotels auf ihre Qualität.	O	O
27	Im Vergleich zu vielen anderen Berufen muss er sich nur selten ärgern.	O	O
28	Es gibt Wellnessbehandlungen, die keine Wirkung haben.	O	O

...

Aus: Deutschprüfung für ausländische Studierende

Diese MC-Aufgabe enthält zunächst einen Text, den man auch »Stamm« nennt. Er besteht in diesem Beispiel aus einem zu hörenden Gespräch. An dessen Stelle könnte auch eine Problembeschreibung stehen, ein Fallbeispiel, ein klinischer Kontext o. Ä.

Es folgt ein Erläuterungstext, der die Aufgabenstellung enthält. Zum Schluss folgen die Antwortoptionen, die aus einer oder mehreren richtigen Antworten sowie den falschen Antworten bestehen. Die Antwortoptionen nennt man Distraktoren.

Da es in diesem Beispiel nur einen Distraktor gibt, man also nur eine falsche Antwort vorfindet, spricht man häufig auch nicht von Multiple Choice, sondern von Single Choice / Forced Choice / Einfachwahl bzw. Richtig-Falsch-Aufgaben.

Ein Format mit mehreren Distraktoren stellt das folgende Beispiel dar.

Beispiel: Multiple Choice **mit mehreren Distraktoren**

Ein 61-jähriger Patient klagt über morgendliche Rückenschmerzen, die sich im Verlaufe des Tages bei körperlicher Bewegung leicht bessern. Zu den seit acht Jahren bestehenden Beschwerden sind in letzter Zeit schmerzhafte Bewegungseinschränkungen hinzugekommen. Es besteht keine radikuläre Symptomatik. Die zunächst angefertigten LWS-Aufnahmen in zwei Ebenen dokumentieren keine Höhenverminderungen der LWK, keine Osteolysen, jedoch deutliche Sklerosierungen der Grund- und Deckplatten sowie kräftige spangenartige Osteophytenbildungen.

Welche Diagnose ist am wahrscheinlichsten?

(A) Spondylosis deformans

(B) Spondylarthritis

(C) Spondylodiszitis

(D) Osteomalazie

(E) Osteoporose

Aus: Zweiter Abschnitt der Ärztlichen Prüfung (schriftlicher Teil).

Bei dieser Aufgabe handelt es sich um eine **Multiple Choice-Aufgabe**, bei der es neben einer richtigen Auswahlmöglichkeit vier Distraktoren gibt. Die Aufgabe besteht demnach aus

- einem Stamm (Klinischer Kontext),
- einer Frage,
- Antwortoptionen mit vier Distraktoren.

Laut Aufgabenstellung ist in diesem Beispiel nur einer der vier Distraktoren die richtige Antwort. Bei Multiple Choice-Aufgaben können aber auch mehrere Distraktoren richtig sein. Es gibt demnach verschiedene Formate, die zu kennen wichtig ist, weil sich nach ihnen die Bearbeitungsstrategie richten kann.

Mögliche Formate von MC-Aufgaben

MC-Aufgaben können folgende Formate haben:

- mit einem Distraktor und einer richtigen Antwort (Einfachwahlaufgaben),
- mit mehreren Distraktoren und einer richtigen bzw. einer falschen Antwort (Mehrfachwahlaufgaben),

- mit mehreren Distraktoren und mehreren richtigen oder falschen Antworten (Mehrfachwahlaufgaben),
- mit einer Frage / Aufgabe und den Wahlmöglichkeiten,
- mit zweistufigem Format: in einem ersten Teil Aussagen / Problembeschreibung / Kontext usw. (Stamm), anschließend die Frage, welche der auf sie folgenden Aussagen (nicht) zutreffen,
- sog. Zuordnungs- oder Sortieraufgaben, bei denen zwei Listen mit Begriffen oder Aussagen einander zugeordnet werden müssen. Auch wenn es hier nicht ums Ankreuzen geht, kann man aufgrund der Vielzahl von Optionen von MC-Aufgaben sprechen,
- Reihenfolgeaufgaben, bei denen die Angaben in die richtige Reihenfolge gebracht werden müssen,
- MC-Aufgaben, bei denen eine falsche Antwort mit einem Punkt Abzug bestraft wird,
- sog. Best-Antwort-Typen. Hier geht es nicht darum, eine Antwortoption als richtig oder falsch, sondern als die beste zu kennzeichnen (s. u. »Medizin«),
- bei digitalen MC-Klausuren gibt es die Möglichkeit, zur MC-Aufgabe eine Textbox einzufügen, z. B. damit die Textperson ihre Entscheidung begründet. Die Auswertung der Textbox muss individuell erfolgen.

Man könnte diese Auflistung nach unterschiedlichen Kriterien ordnen. Ein Beispiel für eine Gruppierung der unterschiedlichen MC-Formate:

- Ordnungs- oder Sortieraufgaben,
- Auswahlaufgaben,
- Beurteilungsaufgaben.

Diese Gruppierung hat den Vorteil, dass die kognitiven Anforderungen deutlicher zum Ausdruck kommen.

Skalierte Antworten

Von MC spricht man, wenn Antworten richtig oder falsch sein können. Von skalierten Antworten spricht man hingegen, wenn sie sich dem Grade nach unterscheiden. Diese MC-Fragen spielen in einer Klausur keine Rolle.

Best-Antwort-Aufgaben

In medizinischen Prüfungen kommen nicht nur Richtig-falsch-Antworten vor, sondern häufig auch sog. Best-Antworten. Dieser Aufgaben-Typ zeichnet sich dadurch aus, dass er anwendungsorientiert ist. Eine eindeutig richtige Antwort gibt es nicht, sondern eine beste.

Dazu ein Beispiel:

Eine 34-jährige Frau erleidet einen A.-cerebri-posterior-Infarkt rechts. In der Vorgeschichte finden sich zwei durchgemachte tiefe Beinvenenthrombosen und zwei Schwangerschaften, die mit Fehlgeburten endeten.
Die extra- und intrakranielle Dopler- und Duplexsonograhie der hirnversorgenden Arterien sowie die transösophageale Echo kardiographie sind unauffällig und ohne Nachweis eines Rechts-Links-Shunts. Im Serum sind (mit pathologisch hohen Titerwerten) Cardiolipin-Autoantikörper (Anti-Cardiolipin-AK) nachweisbar.

Welche der genannten Erkrankungen ist aufgrund dieser Angaben die wahrscheinlichste?

(A) Faktor-V-Leiden-Mutation
(B) MELAS-Syndrom
(C) angeborener Antithrombin-III-Mangel
(D) M. Osler
(E) Antiphospholipid-Syndrom

Aus: Zweiter Abschnitt der Ärztlichen Prüfung (schriftlicher Teil).

Wichtig ist bei diesem Aufgabentyp das genaue Lesen der Fragestellung, in der häufig Wörter benutzt werden, die die gesamte Frage beherrschen. In diesem Beispiel ging es darum, die wahrscheinlichste Erkrankung aus der angeführten Liste auszuwählen. Oft werden diese Wörter überlesen und somit die Fragestellung missverstanden.

Liste mit derartigen Wörtern (Adverbialen, Attribute, Phrasen etc.):

in erster Linie
überwiegend
trifft am ehesten zu
gilt am ehesten
versteht man am ehesten
bezeichnet man am ehesten
liegt am ehesten zugrunde
trifft am ehesten nicht zu
am wenigsten
wesentliche Funktion
am strahlungsempfindlichsten
am (un-)wahrscheinlichsten
die wahrscheinlichste Erklärung
am wenigsten typisch
charakteristisch (am wenigsten, in erster Linie)
typisch für
falsche Wahrscheinlichkeit
beeinflussen entscheidend
auf keinen Fall
die wahrscheinlichste Ursache

am wenigsten zu rechnen
am wenigsten wahrscheinlich
am wenigsten nützlich
vorwiegend bedingt durch
in der Regel / im Regelfall
zum überwiegenden Teil
am sichersten
am einfachsten
am wenigsten zu werten als
am ehesten entbehrlich
am ehesten von Bedeutung
spielen am wenigsten eine Rolle
gelegentlich
eignet sich am ehesten
am zuverlässigsten feststellen
insbesondere
am besten überprüft durch
unmittelbar nach
am frühesten

(Ermittelt aus MC-Aufgaben in ärztlichen Prüfungen)

8.3 Bewertungsvarianten

Bei der Bewertung von MC-Aufgaben gibt es unterschiedliche Verfahren:

- Es gibt nur eine richtige Antwort / eine beste Antwort. Für die richtige Lösung gibt es einen Punkt.
- Es gibt mehrere richtige Antworten. Für jede richtige Lösung gibt es einen Punkt.

Für jede falsche Lösung kann es einen Punkt Abzug geben, pro Aufgabe kann man aber kein negatives Ergebnis bekommen.

Im Folgenden finden Sie ein Beispiel für eine Aufgabe, bei deren Bearbeitung Sie mehrere Punkte erhalten können. Sie müssen nicht zwischen richtiger und falscher Antwort entscheiden, sondern ein körperliches Geschehen aus medizinisch-biologischer Sicht in eine festgelegte Abfolge bringen.

Beispiel : Sortieraufgabe mit Mehrfach-Punktvergabe

Bringen Sie die folgenden Glieder der intrazellulären Signalkette der Beta-adrenergen Hormonwirkung in die richtige Reihenfolge:

1) Aktivierung der Adenylatzyklase
2) Anstieg der Konzentration an cAMP
3) Bindung von GTP an G_s-Protein
4) Hormon-Rezeptor-Bindung
5) Proteinphosphorylierung
6) Aktivierung der Proteinkinase

Beispielantworten der Studierenden, wobei a) die richtige Lösung darstellt:

a) 4–3–1–2–6–5
b) 3–4–1–2–6–5
c) 4–3–2–1–6–5
d) 4–3–1–2–5–6
e) 4–6–3–1–2–5

Aus: www.sturamed-leipzig.de/projekte/erklaerbaerstunden/1-aerztliche-pruefung/

Je nachdem, wie viele Stadien des Geschehens richtig platziert werden, gibt es zwei, vier oder sechs Punkte (die falschen Antworten sind in der Tabelle fett markiert).

8.4 Kognitive Anforderungen

Da man bei MC-Aufgaben lediglich Kreuze machen und kein Text erstellt werden muss, spielt die Darstellungsweise als eine der vier funktionalen Bestandteile (s. Kapitel 2) bei MC-Aufgaben keine Rolle. Weiter ist das Bearbeitungsverfahren standardisiert. Die Prüflinge müssen somit lediglich die Aufgabenstellung verstehen und die geforderte kognitive Leistung erbringen.

Die kognitiven Anforderungen, die in MC-Klausuren erbracht werden, sind notwendigerweise begrenzt, weil die Tests i. d. R. automatisch ausgewertet werden. Bei einer automatischen Auswertung können kreative Leistungen, die nicht vorhersehbar, gleichwohl originell sein können, nicht beurteilt werden. Die Form der Antworten ist deshalb in MC-Klausuren standardisiert, das Sichtbarmachen der vom Prüfling gewählten Option ebenso und dadurch eindeutig und maschinell identifizierbar. Subjektive Faktoren, die bei der Auswertung längerer Texte eine Rolle spielen, entfallen dadurch.

Die maschinelle und objektivierte Art der Auswertung schließt demnach aus, dass folgende Erwartungen an MC-Klausuren gestellt werden:

- das Integrieren von Gedanken,
- das Formulieren von Argumenten,
- das Finden kreativer / originieller Lösungen oder Lösungswege,
- kommunikative Fähigkeiten,
- persönliche Einstellungen und Verhaltensvorlieben.

Stattdessen beschränken sich MC-Fragen auf das Überprüfen von Faktenwissen. Dies geschieht aber durchaus mit unterschiedlichem Anforderungsniveau.[12]

---

12 Die auch gängige Verwendung der Termini *deklaratives Wissen* und *prozedurales Wissen* lassen sich hier nicht so gut verwenden, da sie nicht explizit lernzielbezogen sind.

Aufgaben zur Reproduktion von Fakten (Stufe 1, s. Kap. 3)

Der unterste kognitive Anforderungsbereich ist die Reproduktion von Fakten. Unter Reproduktion wird bei MC-Klausuren das bloße Wiedererkennen verstanden, da die Antworten sprachlich vorgegeben sind. Dies kann auch komplizierte Zusammenhänge von Vorgängen oder Sachverhalten einschließen, soweit diese auswendig gelernt und reproduziert werden können. Es geht also auf dieser Stufe um das Erinnern von Informationen.

HINWEIS

- Legen Sie zur Vorbereitung auf diese kognitive Anforderung großen Wert auf das Memorieren von Fakten (Namen, Begriffe, Zusammenhänge, Abläufe, Daten usw.). In der Regel reicht es, die Fakten in einer gegebenen Antwort wiedererkennen zu können.

Beispiel: Abfrage von Faktenwissen

In welche zwei Hauptkategorien teilt Kant die modernen Wissenschaften ein? (1P)
a) in philosophische und nicht-philosophische Wissenschaften
b) in praktische und metaphysische Wissenschaften
c) in Natur- und Geisteswissenschaften
d) in empirische und nicht-empirische Wissenschaften
e) in kritische und transzendentale Wissenschaften
f) in positive und negative Wissenschaften

Aus: Klausur zur Vorlesung »Einführung in die Grundfragen der Erziehungswissenschaft«

Aufgaben zum Verständnis (Reorganisation, Stufe 2, s. Kap. 3)

Bei Aufgaben auf diesem kognitiven Niveau muss Faktenwissen selbstständig in einer Form angeordnet werden, in der es nicht gelernt wurde.

Beispiele lassen sich hier nur unter Vorbehalt anführen. Um nämlich der Anforderung zu entsprechen, Wissen zu reorganisieren, muss vorausgesetzt werden, dass die Inhalte der Aufgabe nicht auswendig gelernt wurden. Das ist allerdings aus der Aufgabenstellung nicht zu erschließen.

Beispiel: Verständnisaufgabe

Ordnen Sie die folgende Aussage der entsprechenden Stufe der moralischen Entwicklung nach Kohlberg zu:

	1	2	3	4	5	6
a) Ich muss meiner Mutter helfen, weil sie auch viel für mich tut.	○	○	○	○	○	○
b) Man darf nicht stehlen, weil es gegen das Gesetz verstößt.	○	○	○	○	○	○

Aus: Klausur zur Vorlesung »Entwicklung und Sozialisation«

Transfer / Aufgaben zur Anwendung (Stufe 3, s. Kap. 3)

Faktenwissen muss auf dieser Stufe auf eine bisher unbekannte Situation übertragen bzw. angewendet werden.

Beispiel: Transferaufgabe mit Powerpoint-Präsentation

Bitte klicken (Doppelklick) Sie auf das Symbol für die Powerpoint-Präsentation! Welche der folgenden Situationen ist animiert worden? (Mehrfachantworten sind möglich.)

○ Die Zentralbank wird durch die Regierung gedrängt, die schlechte wirtschaftliche Situation durch eine expansive Geldpolitik zu bekämpfen. Dazu kauft die Zentralbank im Rahmen von Offenmarktgeschäften Wertpapiere von den Kreditinstituten, um über diesen Transmissionsmechanismus mehr Liquidität in den Wirtschaftskreislauf zu bringen. Die Kreditinstitute benutzen das zufließende Zentralbankgeld jedoch nur zur Haltung zusätzlicher Überschussreserven. Damit bleibt das Einkommen auf dem niedrigen Niveau.

○ Aufgrund der anhaltenden hohen Arbeitslosigkeit versucht die Zentralbank, mit einer expansiven Geldpolitik die Lage zu verbessern. Es kommt zwar zu einer Zinssenkung, jedoch reagieren die Wirtschaftssubjekte wegen der schlechten Absatzlage nicht mit zusätzlichen Investitionen. Die Politik hat aufgrund der zinsunelastischen Güternachfrage keinen positiven Effekt auf das Einkommen. Damit bleibt die Arbeitslosigkeit auf ihrem hohen Niveau.

○ Der Staat versucht, durch eine expansive Ausgabenpolitik das Einkommen zu erhöhen, um damit die Arbeitslosigkeit abzubauen. Aufgrund der zinsunelastischen Güternachfrage kommt es jedoch zu einem vollständigen Crowding Out. Damit hat die Politik keinen Erfolg und die Arbeitslosigkeit bleibt auf ihrem hohen Niveau.

○ In der Notenbankverfassung einer kleinen Volkswirtschaft ist die Bekämpfung von Arbeitslosigkeit als Ziel der Geldpolitik klar verankert. In der Ausgangssituation bestehe Arbeitslosigkeit.

Die Zentralbank betreibt eine expansive Geldpolitik, um ihr Ziel zu erreichen. Aufgrund einer autonomen Änderung der Liquiditätspräferenzen hat diese Politik jedoch keinerlei Auswirkung auf das Einkommen und damit auf die Arbeitslosigkeit.

Aus: Willm Tüting / Marcel Mlakar »Multiple Choice Klausuren mit L-Plus«

Problemlösendes Denken / Aufgaben zur Analyse

Bei derartigen MC-Aufgaben muss Faktenwissen genutzt werden, um eine Aufgabe mit neuen Fragen oder Themenaspekten zu lösen.

Dabei geht es ausschließlich darum, zu einer eindeutigen Lösung zu kommen, die mit Richtig oder Falsch bewertet werden kann. Urteile mit Begründungen, abgestufte Wertungen, das (begründete) Gegenüberstellen von Vor- und Nachteilen sind bei MC-Aufgaben vorgegeben und fallen deshalb nicht unter problemlösendes Denken.

HINWEISE ZUM LERNVERHALTEN

Da die kognitiven Anforderungen in MC-Klausuren unterschiedlich sein können, folgt daraus:

1. Prüfen Sie anhand von alten MC-Klausuren, ob es ausreicht, den Stoff ausschließlich so weit zu lernen, dass sie ihn in vorgegebenen Antworten wiedererkennen können. Denn dies würde nur die Reproduktionsfähigkeit von Fakten berücksichtigen und nicht die anderen Anforderungsbereiche.
2. Es reicht nicht aus, bei MC-Klausuren nur für das Kurzzeitgedächtnis zu lernen. Spätestens wenn problemlösendes Denken verlangt wird, muss man im Umgang mit unbekannten Fragestellungen und Situationen geschult sein.

In der Mathematik etwa kann gefragt werden, welches mathematisches Verfahren zur Lösung eines Problems benutzt werden kann. Eine Entscheidung zugunsten einer Antwort setzt schon kognitive Fähigkeiten voraus, die über die Reproduktion von Faktenwissen hinausgehen.

In medizinischen Prüfungen gibt es in den Best-Antwort-Aufgaben häufig Fragen, die die Testperson zwingen, Einschätzungen vorzunehmen, klinische Befunde zu gewichten usw.

8.5 Strategien zur Lösung von Aufgaben

Es ist anerkannt, dass Erfahrungen mit der Bearbeitung von Multiple Choice-Aufgaben zu besseren Klausurergebnissen führen. Diese Testschläue ist bis zu einem gewissen Grad erlernbar. Indiz dafür mag auch die Fülle an Tipps sein, die man in Internetforen oder auf den Homepages von Universitäten findet. Zum Teil widersprechen sich die Tipps allerdings, was damit zu tun haben könnte, dass unterschiedliche Testformate ein jeweils anderes Vorgehen erfordern.

Nachstehend werden grundsätzliche Ratschläge und praktische Tipps gegeben, aber auch auf unterschiedliche Bearbeitungsverfahren wird hingewiesen.

a) Stamm-Analyse

- Lesen Sie den Stamm der Aufgabe gründlich. Ein häufiger Fehler besteht darin, zu schnell und zu oberflächlich zu lesen. Bei einem flüchtigen Lesen werden oft wichtige Wörter überlesen. Achten Sie dabei besonders auf sinnverändernde Wörter (s. Liste in Kap. 9.2).
- Reformulieren Sie für sich den Inhalt, um zu testen, ob Sie die Aufgabenstellung verstanden haben.

b) Frageanalyse

Wenn Sie Probleme haben zu verstehen, wonach eigentlich gefragt wird, müssen Sie die Frage sprachlich und inhaltlich in kürzester Zeit analysieren. Hier einige Hilfen:

- Achten Sie auf Verneinungen (nicht, keiner, nie usw.).
- Achten Sie auf Verabsolutierungen (immer, nie, muss unbedingt, kann auf keinen Fall usw.).

- Überlegen Sie kurz, ohne die Distraktoren zu lesen, ob Sie die mögliche richtige Antwort kennen.

c) Antwortanalyse

- Wenn Sie nach dem Lesen des Stamms und der Frage zunächst selbst eine Antwort formuliert haben, vergleichen Sie diese mit den Antwortoptionen.
- Streichen Sie jene Antwortoptionen durch, die Sie als falsch erkannt haben.
- Achten Sie in den Antworten auf Extremformulierungen (nie, auf keinen Fall usw.). Oft zeigen sie an, dass die Option falsch ist.
- Beurteilen Sie jede Antwort nach dem Prinzip: richtig oder falsch?
- Passen Ihrer Meinung nach die Antworten gar nicht zum Stamm und zu der Frage, kann es sinnvoll sein, Stamm und Frage noch einmal zu lesen. Achten Sie darauf, den Zeitrahmen für diese Frage einzuhalten.
- Wenn Sie keine eindeutige Antwort ausmachen können, entscheiden Sie sich nach Gutdünken unter den noch nicht ausgestrichenen Optionen oder überspringen Sie zunächst diese Aufgabe.

WEITERE HINWEISE ZUR VORBEREITUNG

- **Zeiteinteilung üben:** Legen Sie die Zeit fest, die Sie pro Aufgabe zur Verfügung haben. Mit Hilfe einer Uhr sollten Sie darauf achten, für die Beantwortung zunächst im Zeitrahmen zu bleiben. Sie können auch bei den Testaufgaben Zeitmarkierungen anbringen und dann bei der Bearbeitung sehen, ob Sie das richtige Lösungstempo haben. So schreibt man sich z. B. bei Frage 10 *15 min* an den Rand, bei Frage 20 *30 min usw.*
- **Überspringen:** Stehen Sie ratlos vor der Lösung einer Aufgabe, überspringen Sie sie. Markieren Sie die Aufgabe gut sichtbar, um zu einem späteren Zeitpunkt auf sie zurückzukommen.
- **Richtige Reihenfolge:** Lösen Sie zunächst die Aufgaben, die Sie sofort lösen können, also die für Sie leichten Aufgaben, um sich die Punkte zu sichern. Die dabei eingesparte Zeit verwenden Sie am Ende dafür, sich mit den übriggebliebenen Aufgaben zu beschäftigen.
- **Ändern:** Generell sollten Sie eine Antwort nicht aufgrund Ihres Gefühls ändern, sondern nur dann, wenn Sie einen Grund dafür haben. Das kann der Fall sein, wenn Ihnen nachträglich noch etwas eingefallen ist, was wichtig ist.
- **Lernen:** Grundsätzlich gilt: Lernen Sie das Verifizieren von Antworten anstatt das Lösen von Aufgaben.

- **Faustregeln:**
  - Die längste Antwort ist häufig die richtige.
  - Antworten mit »niemals«, »immer« oder ähnlichen Verabsolutierungen sind meistens falsch.
  - Wenn unter den Antworten zwei sind, die Gegensätzliches ausdrücken, kann man meistens die anderen Distraktoren ignorieren.
  - Nehmen Sie im Zweifel die Antwort, die wissenschaftlich klingt.
- Bei **Punktabzügen** für falsche Antworten: Da keine Aufgabe mit einem negativen Ergebnis bewertet wird, sondern maximal mit null Punkten, können Sie auf jeden Fall eine Antwort ankreuzen. Wenn mehrere Antworten richtig sind und es für falsche Antworten Abzüge gibt, kreuzen Sie nur diejenige an, von deren Richtigkeit Sie überzeugt sind. Raten lohnt sich hier nicht.
- **Prüfungssimulation:** Üben Sie MC-Klausuren unter Bedingungen, die den tatsächlichen entsprechen. Fragen Sie sich, wo Ihre Schwächen liegen:
  - in ungenügenden sprachlichen Fähigkeiten,
  - im fehlenden Fachwissen / Faktenwissen,
  - in der falschen Prüfungsorganisation,
  - in der Prüfungsangst,
  - in der falschen Vorbereitung,
  - in einer falschen Zeiteinteilung.

8.6 Multiple Choice in E-Klausuren

MC-Klausuren können auch elektronisch durchgeführt werden. Man nennt sie dann E-Klausuren. Die Vorteile, die ihnen zugeschrieben werden, liegen in

- einer höheren Test-Sicherheit, d. h. dem Schutz vor Verbreitung,
- einer höheren Messgenauigkeit der Ergebnisse,
- einer größeren Gerechtigkeit z. B. bei der zur Verfügung stehenden Zeit,
- neuen Test-Formaten, die bei Benutzung eines Computers möglich werden.

Besonderheiten bei der Testbearbeitung

Anders als bei einer Papierversion kann es sein, dass

- die Fragen automatisch in bestimmten Abständen aufscheinen und Sie die Aufgaben nicht alle überblicken können,
- Sie eine gegebene Antwort nicht korrigieren können,
- Sie nicht zu unbeantworteten Fragen zurückgehen können oder sie nicht so schnell finden wie bei einer Papierversion,
- Sie erst eine Frage beantworten müssen, bevor die nächste Frage erscheint.

HINWEISE ZUR VORBEREITUNG

Ziehen Sie die Konsequenz aus diesen Besonderheiten und führen Sie Probetests durch.
Weitere Besonderheiten ergeben sich aus den technischen Möglichkeiten, die ein Computer liefert. So können Aufgaben folgende Bestandteile einschließen:

- komplexe Computersimulationen,
- Bildmarkierungen,
- Audio- und Videomaterial,
- usw.

Dadurch kann sich die Komplexität des Stamms erheblich erhöhen und erfordert eine genauere Analyse der Vorgaben, auf die sich die eigentliche Frage / Aufgabe bezieht.

Eigene Test-Formate bei digitalen MC-Klausuren

Aufgrund der technischen Möglichkeiten, die ein Computer bietet, entstehen neue Möglichkeiten des Testens:

- Zuordnungs- und Anordnungsaufgaben
  Sie können mit Hilfe der Computerfunktionen in komplexerer Weise ausgeführt werden als bei Papierversionen.
- Auswahlantworten
  Es besteht die Möglichkeit, dass auf dem Bildschirm nach dem Zufälligkeitsprinzip nur eine Antwortoption angezeigt wird, während die anderen Optionen unsichtbar bleiben. Die angezeigte Option muss als richtig oder falsch bewertet werden, bevor die nächste angezeigt werden kann. Dadurch verrin-

gert sich die Wahrscheinlichkeit, dass man durch Vergleichen der Antworten (also durch die strategische Nutzung von Testwissen) eine Aufgabe lösen kann, obwohl man das nötige Wissen zur Lösung nicht oder nur unvollständig besitzt. Außerdem kann der Inhalt der Prüfung nicht so leicht weitergegeben werden wie bei einer Papierversion.

- MC-Aufgaben mit zusätzlicher Textbox
  Sie sollten sich darauf einstellen, dass Sie Kurztexte schreiben müssen, die nicht automatisiert ausgewertet, sondern von der Lehrperson korrigiert werden.

9 Verhalten während der Klausur

9.1 Übersicht

Bei der Bearbeitung von Klausuraufgaben sollten Sie nach einem festen, wohlüberlegten Schema vorgehen. Dadurch sparen Sie Zeit, vermeiden Unsicherheiten und erhöhen Ihre Schreibeffizienz.

Ein mögliches Vorgehen wird in der folgenden Übersicht dargestellt:

Bearbeitungsschritte
- Aufgabenstellung (und bei MC-Aufgaben Antwortalternativen) analysieren und Aufgaben zur Bearbeitung auswählen,
- die zur Verfügung stehende Zeit einteilen,
- sich für ein Schreib- / Bearbeitungsverhalten entscheiden,
- auf missliche Situationen (Schreibblockade / Prüfungsangst) reagieren,
- Ergänzungs- und Korrekturverhalten festlegen.

Bei jedem dieser Bearbeitungsschritte haben Sie die Wahl zwischen unterschiedlichen Verhaltensweisen. Für welches Vorgehen Sie sich entscheiden, sollten Sie vor allem davon abhängig machen, ob Sie

- MC-Aufgaben,
- Aufgaben mit Kurzantworten oder
- offene Aufgaben mit längeren Texten

bearbeiten müssen. Die folgenden Hinweise zum Verhalten während der Klausur orientieren sich an dieser Systematik von Aufgabentypen.

9.2 Verhalten bei MC-Aufgaben

Das Prüfungsformat MC-Klausur hat eine klare Form und erwartbare Anforderungen. Noch stärker als andere Prüfungsformate kann das Verhalten in MC-Klausuren deshalb geübt werden, so dass Sie in der Klausur auf Routinen zurückgreifen können.

Eine sinnvolle Vorbereitung auf MC-Klausuren wurde in allen wesentlichen Punkten bereits in Kapitel 8 dargestellt. In der MC-Klausur selbst haben Sie wenig Zeit und sollten auf ein routiniertes Verhalten zurückgreifen können. Dies betrifft die Zeiteinteilung sowie das Bearbeitungsverhalten.

9.3 Verhalten bei Aufgaben mit Kurzantworten

Bei diesem Aufgabentyp erhalten Sie eine Mehrzahl von Fragen oder Aufgaben, die Sie alle oder zum Teil beantworten müssen. Zum Tragen kommt jetzt, inwieweit Sie die einzelnen Bearbeitungsschritte von der Aufgabenanalyse bis hin zur Bearbeitungsstrategie in der Vorbereitungszeit geübt haben, so dass Sie routiniert vorgehen können. Ein vor allem zeitlich diszipliniertes Bearbeiten empfiehlt sich umso eher, je mehr Aufgaben zu bearbeiten sind.

HINWEISE ZUR ANALYSE DER AUFGABENSTELLUNGEN

- **Überfliegen** Sie erst einmal alle Aufgaben und markieren Sie die, die Sie problemlos bearbeiten können.
- Bearbeiten Sie die für Sie **leichten Aufgaben**.
- Berücksichtigen Sie bei der Wahl der Reihenfolge die **Punktezahl**, die Sie für die Aufgaben erreichen können.
- **Analysieren** Sie die Aufgaben bezüglich des Themas, des Themenaspekts und der Inhalte (s. Kapitel 1, 2 und 4).
- Achten Sie bei der Analyse vor allem auf die **Operatoren** (s. Kapitel 3).
- Wenn Sie in Hektik geraten und die Aufgabe nicht verstehen, versuchen Sie, die Aufgabenstellung in anderen Worten auszudrücken. Suchen Sie sich eine Aufgabenstellung, die Sie auf Anhieb verstehen. Dadurch gewinnen Sie an Sicherheit.

HINWEISE ZUR ZEITEINTEILUNG

- Teilen Sie für jede Aufgabe eine angemessene Zeit ein.
- Planen Sie bei längeren Klausuren Pausen entsprechend Ihres Arbeitsrhythmus ein.
- Behalten Sie sich Zeit für eine Überarbeitung vor.
- Halten Sie sich strikt an die Zeiteinteilung.

HINWEISE ZUR BEARBEITUNG

Auch hier gilt: Ein routiniertes, d. h. eingeübtes Verhalten verschafft Ihnen Sicherheit und Effizienz.

- Versuchen Sie nicht, die Aufgaben unbedingt in der vorgegebenen Reihenfolge zu bearbeiten. Beginnen Sie mit den **Aufgaben, die Sie problemlos bearbeiten können.**
- Lassen Sie unter Ihren Antworttexten **Platz für mögliche Ergänzungen**.
- Schreiben Sie **leserlich**.
- **Kontrollieren** Sie beim Schreiben, ob Sie innerhalb der **festgelegten Zeit** bleiben. Brechen Sie nötigenfalls die Bearbeitung einer Aufgabe ab. Sie können am Ende noch weiterschreiben, wenn Ihnen Zeit bleibt.
- Bearbeiten Sie die Aufgabe entsprechend der Aufgabenstellung **ohne abzuschweifen**. Nicht geforderte Inhalte darzustellen kostet nur Zeit, bringt Ihnen aber keine Punkte.
- Überlegen Sie, ob es reicht, **Stichworte** zu schreiben. Bei Kurzantworten werden häufig keine ausformulierten Sätze verlangt.
- Machen Sie sich bei Kurzantworten **keine Gedanken über die Textstruktur**.

HINWEISE ZUM VERHALTEN BEI PRÜFUNGSANGST

In der Regel wissen Sie schon vor einer Prüfung, ob Sie in Stresssituationen die Ruhe bewahren, oder ob Sie vor Aufregung Ihr Leistungsvermögen nicht umsetzen können. Für die unterschiedlichen Prüfungscharaktere gibt es eine Vielzahl von Ratschlägen. Sie finden diese in einer Reihe von Veröffentlichungen, können sie aber auch im Internet abrufen (Stichworte: Prüfungsangst, Schreibblockade).

HINWEISE ZUM ERGÄNZUNGS- UND KORREKTURVERHALTEN

- Es ist sinnvoll, **Zeit für Korrekturen** und zum Ergänzen einzuplanen.
- Wenn die Zeit knapp wird, schreiben Sie das, was Ihnen spontan zur Aufgabenstellung einfällt. In der Regel bekommen Sie für falsche Inhalte keine Punktabzüge. Hilfreich ist es, wenn Sie Platz für Ergänzungen gelassen haben.
- Überfliegen Sie das, was Sie geschrieben haben, und prüfen es daraufhin,
  - ob sich Ihre Gedanken **strikt auf die Aufgabe beziehen,**
  - ob Sie **alle Aspekte der Aufgabe** bearbeitet haben,
  - ob Sie die erwarteten **Fachbegriffe** genannt haben,
  - ob Sie **stringent geantwortet** haben, oder Ihr Text Gedankenlücken aufweist.

9.4 Verhalten bei offenen Aufgaben mit längeren Texten

Bei offenen Aufgaben liegt der Schwerpunkt der Prüfung nicht auf kleinen Sinneinheiten wie bei Kurzantworten. Stattdessen wird ein umfangreicher Text erwartet, der alle Stufen der kognitiven Anforderungen umfasst. Bei diesen Aufgaben ist eine besondere Schreibkompetenz gefordert. Diese äußert sich in einer angemessenen Textorganisation (s. Kap. 5) und erfordert einen angemessen Schreibprozess.

Für den Schreibprozess wie auch für die Textorganisation ist die Erstellung einer Gliederung von zentraler Bedeutung. Das Gliedern sollten Sie deshalb im Vorfeld besonders geübt haben.

HINWEISE ZUR ANALYSE DER AUFGABENSTELLUNGEN

- Versuchen Sie erst einmal, die **Aufgabenstellung zu verstehen** (s. Kapitel 3). Dazu gehört, sich klar zu machen,
  - um welches Thema und um welche Inhalte es geht (**Prüfungsgegenstand**) (s. Kapitel 4),
  - mit welchem **Ziel** Sie die Inhalte bearbeiten sollen (Wissen wiedergeben können, Zusammenhänge kennen und darstellen können, ein Urteil bilden, begründen und kohärent darstellen können usw.) (s. Kapitel 3),
  - welche **textlichen Anforderungen** an Sie gestellt werden (s. Kapitel 5).
- Sie erhalten i.d.R. mehrere Aufgaben zur Auswahl. **Lesen Sie sich alle Aufgaben durch** und entscheiden sich in aller Ruhe, welche Sie bearbeiten möchten. Auch diese Analysevorgänge sollten routiniert ablaufen.
- Sollten Sie Probleme haben, die Aufgabe zu verstehen, lesen Sie sie mehrmals und versuchen Sie, die **Aufgabenstellung umzuformulieren**.
- **Notieren Sie sich die Gedanken**, die Ihnen in den Sinn kommen, auch wenn sie noch ungeordnet sind.

HINWEISE ZU EINTEILUNG DER ZEIT

Geben Sie sich zu Beginn der Klausur einen zeitlichen Rahmen für alle Tätigkeiten. Auf diese Weise können Sie sich später ganz auf das Schreiben konzentrieren, ohne in das Gefühl von Zeitnot für die verbleibenden Aufgaben zu kommen. Der Vorteil einer guten Zeitplanung liegt darin, dass Sie darauf vertrauen können, für jeden Gliederungspunkt Zeit zur Verfügung zu haben.

Planen Sie Zeit ein für

- die Aufgabenanalyse,
- die Gliederung mit Stichpunkten,
- das Schreiben des Hauptteiles (Unterkapitel), der Einleitung und des Schlusses,
- Ergänzungen und Korrekturen.

HINWEISE ZUM SCHREIBPROZESS

Die Planung des Schreibprozesses spielt bei offenen Aufgaben eine wichtige Rolle. Es reicht nicht aus, über das geforderte Wissen zu verfügen; Sie müssen es auch in einen längeren Text umsetzen können. Die universitären Anforderungen an längere Klausurtexte beziehen sich demnach nicht nur auf die Inhalte und auf sprachliche Fähigkeiten, sondern auch auf eine strukturierte Darstellung. Von Ihnen wird folglich eine Schreibkompetenz erwartet, die an Universitäten aber nur selten gelehrt wird. Deshalb werden hier Hinweise zum Schreibprozess ausführlicher aufgeführt.

Der Schreibprozess in der Klausur lässt sich idealtypisch in sechs Schritte unterteilen (zur Aufteilung Ihrer Klausurzeit s. Kap. 1.4):

- Zeitplan erstellen
- Aufgaben analysieren
- Textbauplan entwerfen (Gliederung)
- Schreibplan entwerfen (Stichworte zur Gliederung)
- schreiben
  - Hauptteil (aus einzelnen Textbausteinen, s. Kap. 6.3)
  - Einleitung und Schluss
- überarbeiten und ergänzen

Eine derartige Planung des Schreibprozesses hat den Vorteil, dass Sie an Sicherheit gewinnen, bevor Sie anfangen zu schreiben. Zudem können Sie eher eine Schreibhemmung vermeiden und Angstzustände verringern. Der Schreibprozess verläuft nicht geradlinig.

Hinweis:
In dem unten beschriebenen Schreibverfahren können Sie jederzeit zu anderen Schritten des Schreibprozesses springen und Veränderungen oder Ergänzungen einfügen.

Im Folgenden werden Hinweise zum Schreibprozess gegeben.

gliedern	• Nehmen Sie sich ein gesondertes Blatt und entwerfen Sie darauf zunächst eine grobe Gliederung. • Orientieren Sie sich dabei strikt an der Aufgabenstellung, vor allem am Operator. • Die Gliederungspunkte sollten von der einfachen Darstellung von Fakten und Zusammenhängen zu den anspruchsvolleren Abschnitten (Transfer, Kritik üben, eigene Position darstellen usw.) übergehen. • Diese Gliederung kann numerisch geordnet sein oder die Form einer Strukturskizze haben. • Verfeinern Sie die Gliederung, fügen Sie auch während des Schreibens noch Punkte hinzu, die Ihnen einfallen.

Schreibplan entwerfen	• Zu den Gliederungspunkten bzw. zur Strukturskizze können Sie ungeordnet Stichworte und Gedanken schreiben, die Ihnen spontan einfallen (Brainstorming). • Ordnen Sie die Stichpunkte / Gedanken und verfeinern Sie ggf. die Gliederung / das Mindmap. • Bei der Erstellung von Argumentationsketten oder der Darstellung von Zusammenhängen können Visualisierungen in Form von Strukturskizzen, Flussdiagrammen etc. hilfreich sein.

Schreiben des Hauptteils	• Orientieren Sie sich beim Schreiben fortlaufend an Ihrer Gliederung, um den roten Faden nicht zu verlieren. • Machen Sie die Gliederung für die Leserin sichtbar, z.B. durch Abschnitte, Kapiteleinteilungen usw. • Orientieren Sie die Leserin darüber, wie die Sinnabschnitte aufeinander bezogen sind. • Ergänzen Sie beim Schreiben fortlaufend Ihre Gliederung bzw. den Schreibplan, sobald Ihnen beim Schreiben etwas einfällt, was an eine andere Textstelle gehört. • Es kann sich als sinnvoll herausstellen, die einzelnen Kapitel jeweils auf einem gesonderten Blatt zu schreiben. Dies ermöglicht es Ihnen, zu einem späteren Zeitpunkt den Text zu erweitern. • Schweifen Sie nicht ab. • Fehlt Ihnen Faktenwissen, stellen Sie Ihr Hintergrundwissen dar. • Prüfen Sie, ob Sie alle Stichworte verwertet haben. Bleibt Ihnen keine Zeit für wichtige Ergänzungen, geben Sie die Gliederung mit den vermerkten Stichworten als Teil Ihres Textes ab. • Achten Sie beim Schreiben darauf, Ihren Zeitplan einzuhalten. • Achten Sie darauf, dass der Text leserlich ist.

Schreiben von Einleitung und Schluss	• Sie können die Einleitung und den Schluss schreiben, wenn der Hauptteil fertig ist. Dies garantiert vor allem für die Einleitung, dass Sie der Leserin eine Orientierung über den Hauptteil geben, in dem auch alle vorgenommenen Änderungen / Erweiterungen enthalten sind. • Sie können die Einleitung auch am Anfang schreiben, wenn Sie Ihre Gliederung als endgültig ansehen und Sie einen sicheren, im Vorfeld geübten Einstieg in das Schreiben bevorzugen.

Korrektur lesen	• Lesen Sie Ihren Text Korrektur (grammatische Fehler, stilistische Mängel, inhaltliche Mängel). • Wenn Sie jedes Kapitel auf ein gesondertes Blatt geschrieben haben oder am Ende des Kapitels Platz gelassen haben, können Sie noch Ergänzungen / Änderungen vornehmen, ohne dass Ihr Text unübersichtlich wird.

HILFEN BEI SCHREIBBLOCKADEN

Zur Bewältigung von Prüfungsangst gilt der gleiche Hinweis wie in Kapitel 9.3.

Eine Folge von Prüfungsangst kann eine Schreibblockade sein. Sie wirkt sich bei offenen Aufgaben besonders schwerwiegend aus, weil Sie hier nicht zu anderen Kurzaufgaben wechseln können. Sie sind jetzt darauf angewiesen, Sicherheit zu gewinnen und in den Schreibprozess eintreten zu können.

- Beginnen Sie mit **Assoziationen** zum Thema. Schreiben Sie alles auf, was Ihnen einfällt.
- Sie können auch damit beginnen, die Einleitung zu schreiben (s. Hinweis o.). Sicherheit können Sie gewinnen, wenn Sie das Thema paraphrasieren und beschreiben, was von Ihnen erwartet wird: inhaltliche Aspekte, Aufbau des Textes usw. Auch hier bewährt es sich, wenn Sie das Explizieren eines Themas bereits in der Vorbereitung geübt haben.
- Wenn Sie mit einer numerischen Gliederung und auch mit einer Assoziationskette nicht weiterkommen, können Sie auch eine **Frageliste erstellen**: Notieren Sie, welche Fragen Ihnen zum Thema einfallen und ordnen Sie die Fragen in thematische Gruppen.

10 Nach der Klausur = vor der Klausur

Eine mit einer guten Note abgeschlossene Prüfung gibt i.d.R. keinen Anlass, sich über den Ablauf, die Inhalte, Anforderungen, die Vorbereitung, Lernstrategien, Prüfungsangst, Schreibblockaden usw. Gedanken zu machen. Häufig führt erst eine schlecht geschriebene Klausur dazu, das Klausurgeschehen zu überdenken und das eigene Lern- und Prüfungsverhalten zu verändern. Allgemein gesprochen: Lernprozesse werden häufig durch einen Fehler ausgelöst, den man gemacht hat. Aus diesem Blickwinkel scheint es durchaus begründet, nach der Klausur das eigene Lern- und Prüfungsverhalten zu reflektieren und auch die korrigierte Klausur einzusehen.

10.1 Einsicht in die Klausur nehmen

- Welche Rechte haben Sie?
- Wie ist der formale Ablauf einer Klausureinsicht?
- Welche Ziele verfolgen Sie?

Rechte

Das Recht auf Prüfungseinsicht ist aufgrund des föderalen Bildungssystems in den Details länderspezifisch geregelt. An den Universitäten sind die Modalitäten in ihren Einzelheiten gesondert in Ordnungen festgelegt. Grundsätzlich gilt: Ein Recht auf Einsicht in eine Klausur besteht nur, wenn es in der Studien- oder Prüfungsordnung festgelegt ist. Bei Fragen zu Ihren Rechten können Sie sich außerdem an den AStA Ihrer Hochschule oder an die Fachschaft Ihres Studienganges wenden.

Ziele

Überlegen Sie sich genau, was Sie sich von einer Einsicht versprechen, z.B.:

- Überprüfung, ob die Note gerechtfertigt ist;
- Sichtung der Fehler, um daraus zu lernen;
- Auswertung der Kommentare der Lehrperson, um Hinweise auf die Prüfungsanforderungen zu erhalten.

Eine Korrektur Ihrer Arbeit ist natürlich nicht möglich, eine Verbesserung Ihrer Note kann hingegen erfolgen. Wenn Sie gegen die Note Widerspruch einlegen möchten, beachten Sie die Widerspruchsfrist. Die Einsicht in eine Klausur folgt einem formalen Ablauf.

Formaler Ablauf

- **Fristen**: Häufig sind Termine vorgesehen, an denen Sie die Klausuren einsehen können. Diese Termine werden auf den Homepages der Universitäten bekannt gegeben, evtl. auch die Ansprechpartner. I.d.R. ist die Einsichtnahme aber für die Dauer eines Jahres nach Bekanntgabe der Note möglich. Nach Verstreichen der Frist muss man ein besonderes Interesse nachweisen.
- **Antrag**: An vielen Universitäten wird ein Formular bereitgestellt, mit dem Sie eine Einsicht beantragen müssen. Häufig reicht aber auch eine formlose Nachricht per Email.
- **Einsichtnahme**: Sie können sich während der Einsicht Notizen machen und Auszüge anfertigen. Erkundigen sie sich, ob Sie ein Recht auf einen Sitzplatz haben. Vergewissern Sie sich auch, ob Sie ein Recht auf angemessene Erläuterung der Beurteilung haben und wie viel Zeit Ihnen für die Einsichtnahme zur Verfügung steht.
- **Prüfen** Sie,
  - ob alle Punkte zusammengezählt wurden,
  - ob alles berücksichtigt wurde, was Sie zur Aufgabe geschrieben haben,
  - ob alle Aufgaben bewertet wurden.
- **Auswertung**: Lesen Sie die Kommentare der Lehrperson. Evtl. können Sie aus den Bemerkungen Rückschlüsse darauf ziehen, welche Fehler Sie bei der Vorbereitung gemacht haben.

E-Klausuren

Bei der Einsicht in E-Klausuren benötigen Sie eine Bewertungsmatrix der Lehrperson, um die Benotung nachvollziehen zu können. Informieren Sie sich, ob Sie sich Ihre Klausur ausdrucken lassen können. Ein Ausdruck erleichtert die Durchsicht.

10.2 Lern- und Prüfungsverhalten ändern

Sicherlich verfolgen Sie das legitime Ziel, bei der Einsicht in die Klausur Fehler in der Notengebung aufzudecken. Ein weiteres Ziel kann aber auch darin bestehen, aus den Kommentaren der Lehrperson etwas zu lernen. Neben den Problemen, die Sie selbst während der Prüfung wahrnehmen, wie zum Beispiel Schreibhemmungen, Prüfungsangst oder Wissenslücken, können Sie aus den Kommentaren (wenn es denn welche gibt) evtl. ableiten,

- ob Sie zu wenig gelernt haben,
- falsch gelernt haben,
- die Aufgabenstellung missverstanden haben,
- Ihnen die Klausuranforderungen nicht bewusst waren,
- Ihr Text strukturelle oder sprachliche Mängel aufwies.

Ein Klausurerfolg ist nicht nur von Ihrem Fachwissen abhängig. Eine Vielzahl von weiteren Faktoren spielt für eine erfolgreiche Klausur eine entscheidende Rolle. Die folgenden Kapitel bieten Ihnen Unterstützung bei der Vorbereitung und der Bewältigung der Klausur.

11 Exkurs: Die Klausur als Prüfungsform

Häufig wird die Klausur in einer Reihe mit bestimmten Textformen wie Essay oder Protokoll genannt. Man kann die Klausur aber nicht als eine textliche Darstellungsform ansehen. Das zeigt sich schon in der folgenden sprachlichen Verwendung:

Schreiben Sie zu einem der drei folgenden Themen einen Essay!
Schreiben Sie zu einem der drei folgenden Themen eine Klausur!

Die Aufforderung, eine Klausur zu schreiben, führt eher zu Ratlosigkeit als zu einem Text. Prüflinge klagen häufig darüber, dass sie nicht wissen, was für eine Textsorte von ihnen in der Klausur verlangt wird. Im wissenschaftlichen Kontext zeichnen sich Textsorten durch formale und inhaltliche Kennzeichen aus und oft auch durch ein methodisches Vorgehen bei der Bearbeitung des Themas. Wissenschaftliche Textsorten allemal sind strikt reglementiert. Dies alles kann für eine Klausur nicht zutreffen. Eine Klausur ist eben keine Textsorte, sondern eine Prüfungsform in der Reihe schriftlicher Prüfungen. Zu ihnen gehören neben der Klausur auch die schriftlichen Leistungen, die zu Hause erbracht werden. Neben den schriftlichen Prüfungen gibt es die mündlichen, aber auch praktische Prüfungen. Die Erzeugung von künstlerischen Produkten, das Erbringen von körperlichen Leistungen im Sport oder andere Prüfungsformen sind für das vorliegende Thema aber nicht von Bedeutung.

Am folgenden Schaubild wird ersichtlich, dass es gerade bei den Textformen, die in einer Klausur geschrieben werden, an einer Beschreibung der Textformen mangelt (Ausnahme Essay). In einem Buch über Klausuren geht es deshalb nicht um die Beschreibung einer Textsorte, die einen standardisierten Textbauplan aufweist wie der Essay oder das Protokoll; es geht vielmehr um die Beschreibung einer Prüfungsform und der Vielfalt der dabei zu erbringenden Prüfungsleistungen. Daraus ergibt sich die Problematik ihrer Beschreibung, dass nämlich die Prüfungsform »Klausur« keine einheitliche Textform als Prüfungsleistung aufweist. Klausuren umfassen eine Vielzahl von Aufgaben- und Fragetypen, in denen von den Studierenden erwartet wird, unterschiedliche Denkleistungen zu vollbringen und unterschiedliche Textformen produzieren zu können. Darin ähnelt die Klausur der Prüfungsform mündliche Prüfung. Auch sie kann in sehr unterschiedlicher Weise abgehalten werden, in denen die Anforderungen variieren.

Übersicht über die gängigsten schriftlichen und mündlichen Prüfungsformen und die dazugehörigen Textformen:[13]

Prüfungsformen	schriftlich		mündlich
	Klausur	häusliche Arbeiten	
Aufgabentypen	MC-Aufgaben Kurzantwort-Aufgaben Vervollständigungs-Aufgaben offene Aufgaben Zuordnungsaufgaben …	offene Aufgaben Protokollieren Textsorten-spezif. Aufgaben	offene Fragen geschloss. Fragen Aufgaben ausführen …
Textformen	Essay ? ?	Seminararbeit Hausaufgaben Protokoll Portfolio Projektarbeit Bericht schriftliches Referat Essay …	Vortrag / Referat Prüfungsgespräch Leitungsaufgaben im Unterricht …

Texte können aufgaben-, fach- bzw. domänenspezifisch ganz unterschiedliche Gestalt annehmen. Eine Wesensbestimmung der Prüfungsform Klausur ist mittels einer Textsortenspezifik Klausur aufgrund dieser Vielgestaltigkeit nicht möglich. Der Begriff Klausur enthält vielmehr eine Reihe von formalen Merkmalen, die eine Prüfungssituation kennzeichnen. In ihr erbringt man mit ande-

13 Da es Schwierigkeiten bei der Terminologie gibt, Aufgabentypen in Klausuren zu benennen, wird i. d. R. auf Hilfsbegriffe zurückgegriffen, wie z. B. offene Fragen, die sich an einer Fragetypologie orientieren. Hier wird stattdessen von offenen und geschlossenen Aufgaben bei den Prüfungsaufgaben und von längeren Texten oder von Kurztexten bei den Prüfungsleistungen gesprochen.

ren Kommilitonen unter Aufsicht für eine festgelegte Zeit in einem Klausurraum eine schriftliche Prüfungsleistung. Welche Anforderungen an diese Prüfungsleistung gestellt werden, ist damit noch nicht gesagt. Völlig unbestimmt ist z. B.,

- ob man sein Wissen anwenden muss,
- ob man auswendig Gelerntes wiedergeben muss,
- ob man eigene Gedanken darlegen muss,
- ob man einen strukturierten Text schreiben muss,
- worin der wissenschaftliche Anspruch besteht,
- …

Zum Wesen der Klausur gehört demnach auch eine spezifische Leistung der Lehrperson: Sie muss die Anforderungen, die sie stellt, sich zunächst selbst bewusst machen! Die Anforderungen ihrer Prüfungsaufgaben sollte sie dann in der Aufgaben- bzw. Fragestellung klar formulieren und auch das Bewertungssystem transparent machen.

Problem Textform

In der Schule werden die Schüler systematisch auf die Anforderungen der Klausuren vorbereitet. Typische Aufgabenstellungen für das Abitur im Fach Deutsch lauten:

- Interpretieren Sie die Parabel von Kafka.
- Analysieren Sie Hermann Friedemanns Text „Schundliteratur" im Hinblick auf die von ihm vertretenen Positionen. Berücksichtigen Sie darüber hinaus auch den Anlass seiner Ausführungen sowie den historischen Kontext.

Aus: https://www.iqb.hu-berlin.de/abitur/sammlung/deutsch, abgerufen am 28.05.2019.

Als Vorbereitung auf eine derartige Abitur-Aufgabe vermitteln die Lehrer den Schülern zunächst Verfahren zum Erschließen von literarischen sowie von pragmatischen Texten:

- untersuchendes Erschließen,
- erörterndes Erschließen,
- gestaltendes Erschließen.

An die Vermittlung des methodischen Wissens schließt sich in den (Vor-) Klausuren das Üben der dazugehörenden Darstellungsformen an. Die Lehrer erhalten für ihr Unterrichten umfangreiche curriculare Hilfen und methodische Handreichungen. In ihnen werden auch die Textsorten beschrieben, die zu den Aufgaben erbracht werden müssen. Die Bezeichnung für die Texte orientiert sich dabei an der Aufgabenart:

- Textinterpretation (literarisch untersuchend),
- Textanalyse (pragmatisch untersuchend),
- Literarische Erörterung (literarisch erörternd),
- Texteröterung (pragmatisch erörternd),
- …

Diese Aufgabentypen werden weiter spezifiziert. So wird bei der (literarischen) Textinterpreation u. a. unterschieden zwischen

- Interpretation und Analyse von
  - Gedichten,
  - Kurzgeschichten,
  - Romanen.
- Drameninterpretation und -analyse mit
  - Szeneninterpretation,
  - Szenenanalyse,
  - Dialoganalyse.

Eine Gedichtinterpretation kann demzufolge nicht nur als ein Verfahren zum Erschließen einer literarischen Vorlage aufgefasst werden, sondern auch als eine schulische Textsorte. Für diese Textsorte Gedichtinterpretation liegt wie für alle anderen schulischen Textsorten eine Beschreibung ihrer Merkmale vor.

Für die Aufgabenstellungen erhalten die Lehrer Formulierungshilfen, die dem obigen Beispiel entsprechen. In ihnen werden die Anforderungen mit Hilfe von Aufforderungsverben wie *interpretieren, erschließen, zeigen* ausgedrückt, die die Schüler aus dem Unterricht kennen. Sie verstehen diese Verben als konkrete Arbeitsanweisung für ein methodisches Vorgehen und als Schreibanweisung für eine bestimmte Textform.

Die Eigenheiten **der universitären Lehre** und die dort herrschende Intransparenz wird im Vergleich mit der schulischen Situation deutlich.[14] Für den universitären Bereich existiert in den Geistes- und Sozialwissenschaften keine differenzierte Ausgestaltung der inhaltlichen, textbezogenen und kognitiven Anforderungen. Ein weiteres Problem besteht darin, dass es keine Bezeichnungen für die Textsorten gibt, die die Studierenden in Klausuren herstellen sollen. Mit den fehlenden Bezeichnungen ist die Schwierigkeit verbunden, sich begrifflich über Textanforderungen und Textgestaltungen verständigen zu können.[15] Als Konsequenz ergibt sich für die Studierenden eine Intransparenz von Anforderungen und Bewertungskriterien.

Die Fachspezifik, Beispiel Jura

Jegliche Ausführung über Klausuren muss immer auf die spezifischen Gegebenheiten der Fächer übertragen werden. Die Eigenheiten eines Faches lassen sich am Beispiel des Faches Jura besonders deutlich darstellen.

Das positive Rechtssystem sowie die Rechtsanwendung ist auf Präzision und Eindeutigkeit angelegt. Dies wirkt sich auf die juristischen Klausuren im Studium aus, bei denen es i. d. R. um eine praktische juristische Fallbearbeitung geht. In einer juristischen Klausur soll der

> *»Bearbeiter in einer begrenzten Zeit seine juristischen Fertigkeiten unter Beweis stellen, indem er einen (möglicherweise ungeläufigen) Sachverhalt nachvollziehbar unter (möglicherweise unbekannte) Vorschriften subsumiert.«*[16]

Die Fallbearbeitung, um die es hierbei geht, gestaltet sich nach strengen Regeln: ergebnisoffen, methodisch in festgelegten Schritten. Sie mündet in einer anzufertigenden Textsorte, dem Gutachten, das im sogenannten Gutachterstil

---

14 Die Ursachen und die Bedeutung dieser schulischen und universitären Unterschiede sollen hier nicht diskutiert werden. Auch soll nicht einer »Verschulung der Lehre und des Lernens« in den Geistes- und Sozialwissenschaften an den Universitäten das Wort geredet werden.

15 In Kapitel 5 dieses Buches wird deshalb auf elementare Textformen wie Darstellung, Beurteilung, Argumentation, Stellungnahme usw. zurückgegriffen. Diese können je nach Aufgabenstellung kombiniert werden und ergeben so jeweils eine charakteristische Textform.

16 *Klausurtraining im Bürgerlichen Recht, Strafrecht und öffentlichen Recht. Juristische Lehrgänge. Alpmann und Schmidt. Bearbeiter Hans-Friedrich C. Thomas, Münster 1995, S. 3.*

geschrieben wird. Die dazu nötige Technik der Fallbearbeitung wird im Studium eingeübt und in den Anfängerklausuren bis hin zu den Examensklausuren angewendet. Unklarheiten bezüglich der Inhalte, des methodischen Vorgehens oder gar der Textsorte bestehen hier im Gegensatz zu den Geistes- und Sozialwissenschaften nicht.

Problem Aufgabentypen

Auch für die Aufgabentypen in den Klausuren gibt es keine überzeugenden Bezeichnungen. Gängig sind in der Literatur Bezeichnungen, die sich an Fragetypen wie z. B. MC-Fragen, geschlossene Fragen, offene Fragen orientieren. Dabei handelt es sich also um Fragetypen und nicht um Typen von Klausuraufgaben. Davon abgeleitet werden dann einfach Klausurtypen: Klausuren mit offenen Fragen, mit geschlossenen Fragen oder MC-Klausuren. Wollte man eine Aufgabe in diese Systematik von Klausurtypen übertragen, müsste man die Aufgabe in eine Fragestellung übertragen.[17] Was wäre Ihnen aber damit geholfen, die folgende Aufgabenstellung in einen Fragetyp zu übertragen?

Erläutern Sie zentrale Forderungen aus der aristotelischen Poetik und grenzen Sie diese von späteren Forderungen ab!

Aus: Einführung in die Literaturwissenschaft

Es handelt sich um eine offene Aufgabe. Bei offenen Aufgaben gibt es erhebliche Unterschiede in der Erwartung an den Text. Für die Textsorten, die in einer Klausur produziert werden sollen, gibt es mit wenigen Ausnahmen (Essay etwa) keine Benennungen. Dieses Manko stellt für den Studierenden ein Problem dar: Sie sollen Texte erzeugen, die keine Sortenbezeichnung aufweisen, mithin nicht klassifiziert sind, somit nicht mit expliziten Merkmalen beschrieben sind. Die Studierende hat in der Klausur die Aufgabe, diese Textsorte selbst zu entwickeln und dabei die Erwartung der Lehrperson, die sie u. U. auch nicht kennt, zu treffen.

17 To translate »instructions into questions« wird etwa empfohlen in: Garbutt, Michael / O´Sullivan, Kerry (1991): IELTS: Strategies for Study. Sydney: Macquire University.

Prüfungskriterium Validität

In einer Klausur soll eine Prüfungsleistung erbracht werden, die in Beziehung zu den Inhalten der Lehrveranstaltung steht. Die Lehrperson möchte sehen, in welchem Maße die Studierenden die Lernziele der Lehrveranstaltung erreicht haben (Inhaltsvalidität). Bei einer Klausur gilt, dass neben den Fachinhalten weitere Kenntnisse und Fertigkeiten geprüft werden, die nicht Gegenstand der Fachveranstaltung waren. Dazu gehört etwa

- das Verstehen der Aufgabenstellung im Sinne der Lehrperson,
- die Herstellung eines Textes mit bestimmten Textmerkmalen,
- unausgesprochene Ansprüche an den Schreibstil, an wissenschaftliche Standards.

Die dazu nötigen Kenntnisse werden in der Regel nicht vermittelt. Die Studierende soll also, orientiert an diesen unausgesprochenen Erwartungen, zielgerichtet lernen, was die Inhalte, den fachlichen Vertiefungsgrad, die Präsentationsform des Gelernten und die kognitiven Anforderungen betrifft.

Problem Prüfungsziel

Mit der Einführung des Kompetenzbegriffs[18] in die Beschreibung von Lehr- und Lernzielen als Ersatz für traditionell verwendete Begriffe wie Fähigkeiten, Fertigkeiten usw. müsste man in der Prüfung Kompetenzen abprüfen. Das gestaltet sich schwierig. Es werden deshalb alternativ viele Prüfungsformen diskutiert. In Anbetracht des vergleichsweise geringen Korrekturaufwandes ist aber nicht abzusehen, dass die Klausur ihre Bedeutung als vorherrschende Prüfungsform verlieren wird.

18 s.a. Walzik (2015)

Quellenverzeichnis

Es wurde für diese Publikation eine Vielzahl von Internetseiten ausgewertet, die hier nicht alle erwähnt werden können. Praktische Ratschläge, aber auch weiterführende Literaturangaben finden sich vor allem für MC-Klausuren sowie zur Bewältigung von Prüfungsangst und Schreibblockaden.

Prüfungsangst

Barthel, Wolfgang (2001): Prüfungen – kein Problem! Bewältigung von Prüfungsangst – effektive Prüfungsvorbereitung – optimales Verhalten, Weinheim / Basel: Beltz.

Warnecke, Irene (2018): Prüfungsangst bewältigen. Ein Trainingsprogramm in 7 Schritten. Paderborn: Ferdinand Schöningh.

Lernstrategien

Esselborn-Krumbiegel, Helga (2007): Leichter Lernen. Strategien für Prüfungen und Examen. Paderborn: Ferdinand Schöningh (2. Auflage).

Püschel, Edith (2017): Selbstmanagement und Zeitplanung. Paderborn: Ferdinand Schöningh (2. Auflage).

Zusammenhang von Prüfungen mit Lernzielen

Walzik, Sebastian (2015): Kompetenzorientiert prüfen. Leistungsbewertung an der Hochschule in Theorie und Praxis. Leverkusen: Verlag Barbara Budrich (2. Neuausgabe).

Wildt, Johannes / Wildt, Beatrix (2011): Lernprozessorientiertes Prüfen im »Constructive Alignment«. Ein Beitrag zur Förderung der Qualität von Hochschulbildung durch eine Weiterentwicklung des Prüfungssystems. In: Berendt, Brigitte; Voss, Hans-Peter; Wildt, Johannes (Hrsg.): Neues Handbuch Hochschullehre. Lehren und Lernen effizient gestalten. [Teil] H. Prüfungen und Leistungskontrollen. Weiterentwicklung des Prüfungssystems in der Konsequenz des Bologna-Prozesses. Berlin: Raabe.

Schreiben in Klausuren allgemein

Frank, Andrea / Haacke, Stefanie / Lahm, Swantje (2007): Schlüsselkompetenzen: Schreiben in Studium und Beruf. Weimar: Metzler (S. 180–182).

Heister, Werner / Wälte, Dieter / Weßler-Poßberg, Dagmar / Finke, Margret (2017): Studieren mit Erfolg: Prüfungen meistern. Klausuren, Kolloquien, Präsentationen, Bewerbungsgespräche. Stuttgart: Schäffer-Poeschel Verlag.

Mehlhorn, Grit (2009): Studienbegleitung für ausländische Studierende an deutschen Hochschulen, München: Iudicium (2. unveränderte Auflage).

Schindler, Kirsten (2011): Klausur, Protokoll, Essay. Kleine Texte optimal verfassen. Paderborn: Ferdinand Schöningh.

Sommer, Roy (2006): Schreibkompetenzen. Erfolgreich wissenschaftlich schreiben. Stuttgart: Klett (S.30–33).

Jura

Möllers, Thomas M. J. (2001): Juristische Arbeitstechnik und wissenschaftliches Arbeiten: Klausur, Hausarbeit, Seminararbeit, Staatsexamen, Dissertation, München.

Schimmel, Roland (2018): Juristische Klausuren und Hausarbeiten richtig formulieren. München: Franz Vahlen GmbH (13. Auflage).

Wirtschaft

Gerlach, Silvio (2011): Handbuch Klausur. Berlin: Studeo® Verlag.

Kognitive Anforderungen / Taxonomien

Anderson, Lorin W. / Krathwohl, David R. (2001) (Hrsg.): A Taxonomy for Learning, Teaching, and Assessing. A Revision of Bloom's Taxonomy of Educational Objectives. New York: Addison-Wesley.

Sachregister